走进贫困的教育

如何阻断贫困代际传递

史志乐◎著

ENTERING POVERTY EDUCATION

HOW TO BLOCK THE INTERGENERATIONAL TRANSMISSION OF POVERTY

经济日报出版社

序言

作为社会经济发展的重要问题，摆脱贫困已经成为我国当前全面建成小康社会的关键目标。贫困问题既是一个宏观经济问题，也是一个微观经济问题。从宏观经济层面来说，摆脱贫困的过程本身就是经济发展过程；从微观经济层面来说，解决贫困问题就是解决贫困家庭福利水平低下问题。对于贫困家庭而言，贫困又可以分为暂时性贫困和持续性贫困。暂时性贫困是一种短时间陷入福利水平低下的状态；而持续性贫困，则是指贫困家庭所处于的一种长期的、持续性的福利水平低下状态（本书称之为“贫困陷阱”），如果外界不给予一定的支持和帮助，贫困家庭难以摆脱贫困陷阱。因此，本书将研究焦点集中于微观层面的家庭贫困陷阱问题，从贫困家庭陷贫脱贫的视角研究持续性贫困问题。

导致贫困家庭陷入持续性贫困状态的原因复杂，它既与贫困家庭的个体特征（如贫困家庭的效用函数和约束条件等）有关，也与贫困家庭所处的经济社会状态（如经济发展阶段、社会意识形态等）有关，应该说是多种因素综合作用的结果。多年的扶贫脱贫实践表明，通过教育可以提高贫困家庭的人力资本水平、充分发挥贫困家庭的主观能动性，提升贫困群体的可持续发展能力。因此，本书试图从家庭教育投资的视角研究持续性贫困家庭的陷贫和脱贫问题。

本书通过对家庭代际教育投入与福利水平变化之间的关系的研究发现：

由于社会的劳动力成本（从家庭来说是劳动力报酬）、人力资本价值（从家庭来说是教育投入所获得的超过劳动力报酬的额外收益）和家庭的效用函数（影响家庭的消费、储蓄和教育投入）不同，不同的家庭要形成代际教育投入增加和福利水平提高的良性循环，所需要的初始条件是不同的，也即可能需要满足一个最低的条件（本书称这种最低的条件为第一阈值，详见本书第四章理论模型部分）。而由于家庭初始财富的不同，以及信息不对称的存在，贫困家庭难以从信贷市场获取足够资金，以提高未来的收入和福利水平，很可能导致家庭达不到实现代际教育投入增加和福利水平提高所需要的最低条件，从而陷入“贫困陷阱”。在这种情形下，政府可以通过对贫困家庭进行教育资助和为贫困家庭的教育融资进行担保（以解决信贷市场的信息不对称问题）等办法，帮助贫困家庭摆脱“贫困陷阱”。

本书沿着“文献综述——理论模型——经验检验——结论与建议”的研究思路对家庭贫困陷阱与持续性贫困家庭的陷贫和脱贫问题进行研究：

首先，本书对贫困、“贫困陷阱”以及教育与贫困之间的关系进行文献梳理，以明晰本书的研究对象和研究内容；接着，本书对我国教育脱贫历程及其阶段性特征进行总结，以分析我国教育脱贫的得与失；然后，本书构建了一个家庭代际交叠理论模型，分析家庭在不同的效用函数和约束条件下，实现教育投入增加和福利水平提高良性循环所需要满足的最低条件，以及政府在帮助贫困家庭脱贫中的作用；接下来，本书利用相关资料和数据，通过多元回归和动态面板等方法，对理论模型进行一定的实证检验；最后，本书给出了结论并提出了政策建议。按照这一研究思路，本书结合发展经济学、教育经济学、计量经济学等相关理论和方法，通过规范研究和实证研究、定性分析与定量分析相结合，在统一的逻辑框架中，从家庭教育投入的视角，比较系统地分析了我国贫困家庭摆脱“贫困陷阱”的机理与策略选择。

本书可能的创新之处主要表现在如下三个方面：

第一，在理论层面，本书通过构建家庭代际交叠模型分析了教育投入与“贫困陷阱”之间的关系。目前，我国在扶贫脱贫实践经验方面比较丰富，但是在贫困理论研究方面仍显不足，对于现有扶贫脱贫实践进行理论提升很有必要。本书在巴汉姆（Barham，1995）关于教育与“贫困陷阱”思想的基础上，构建了理论模型，对教育投入与家庭陷贫和脱贫之间的关系进行了分析，以便发现新中国成立以来，特别是改革开放以来，我国扶贫脱贫之所以能够取得巨大历史成就的理论线索，并为进一步指导我国扶贫脱贫实践提供理论依据。

第二，在实证方面，本书综合采用了国务院扶贫办“建档立卡”数据和中国家庭追踪调查数据，通过对相关教育指标的选取，从贫困家庭的微观视角来对教育投入与陷贫和脱贫问题进行实证分析。经过实证分析发现，本书发现要走出“贫困陷阱”，贫困家庭子女的受教育年限需要至少达到初中水平（也即我国贫困家庭要实现教育投入增加和福利水平提高良性循环，所需要的最低教育投入水平）。这为中央政府在我国脱贫攻坚过程中，所采用的保障贫困家庭子女义务教育，实现“两不愁、三保障”政策提供了实证依据。

第三，在政策层面，本书比较系统地梳理了我国教育脱贫的历程和发展特点。一是以历史发展的纵向视角，对扶贫开发历程中的教育扶贫工作和教育脱贫成绩进行了系统梳理和归纳；二是以教育结构性功能的横向视角，对我国教育脱贫的不同类型进行了区分和对比；三是以义务教育、雨露计划、助学贷款为核心，分析了我国政府在提供强制教育、技能教育和信贷支持方面的经验和脱贫成效。

关键词：贫困家庭；贫困陷阱；教育扶贫；代际传递

目录

CONTENTS

表目录

图目录

图目录

第一章

走进贫困的教育

扶贫必扶智。让贫困地区的孩子们接受良好教育，是扶贫开发的重要任务，也是阻断贫困代际传递的重要途径。党和国家已经采取了一系列措施，推动贫困地区教育事业加快发展、教师队伍素质能力不断提高，让贫困地区每一个孩子都能接受良好教育，实现德智体美全面发展，成为社会有用之才。

——习近平给“国培计划（2014）”北京师范大学贵州研修班参训教师的回信
2015 年 9 月 9 日

作为社会经济发展的重要方面，摆脱贫困已经成为我国当前全面建成小康社会的关键目标。贫困问题既是一个宏观经济问题，也是一个微观经济问题。从宏观经济层面来说，摆脱贫困的过程本身就是经济发展过程；从微观经济层面来说，解决贫困问题就是解决贫困家庭福利水平低下问题。微观层面的家庭贫困从表面上来看是一种物质贫困或是暂时贫困，贫困对象往往低于某一划定的贫困线；从根源上来看，贫困其实是一种可行能力的剥夺，是一种长期的、持续性的福利水平低下的状态，贫困对象往往处于贫困陷阱之中难以自拔。

不可否认，我国在划定的贫困标准下取得了巨大的扶贫脱贫成绩，但是当前我国贫困地区、贫困家庭、贫困人口仍然存在内生动力不足、返贫率高、可持续脱贫能力弱等现象，这些因素严重制约和影响着我国扶贫脱贫的节奏和步伐，而这背后的根本原因在于这部分贫困主体深陷持续性贫困之中，主观脱贫意愿弱、可持续发展能力弱，难以保证扶贫脱贫的稳定性、有效性和持久性。教育作为一项施加于个体之上的人力资本投资，对于贫困人口脱贫具有重大意义。通过教育可以提高贫困人口的人力资本水平、充分发挥贫困人口的主观能动性，从而激发贫困主体的脱贫意愿，提升贫困群体的可持续发展能力。所以，在脱贫过程中认清贫困人口的主体特性、家庭特性、教育特性，对于贫困人口顺利实现脱贫意义重大。

1.1 扶贫开发——没有硝烟的战场

贫困问题一直是人类社会发展不可规避的重大问题，世界各国都在与贫困做斗争，终结贫困、摆脱贫困、“建立一个没有贫困的世界”[①]成为全人类共同的愿望。中国作为发展中的大国，一直致力于消除贫困、摆脱贫困的工作，通过脱贫攻坚实现全面小康社会建设。

综观我国扶贫脱贫的历程可以发现，自20世纪80年代以来，中国在扶贫脱贫方面取得了举世瞩目的成就，这一成就的取得是在不断的探索和

① 世界银行（Word Bank）的宗旨是“建立一个没有贫困的世界”，并提出“消除极端贫困，推动共同繁荣”的口号。联合国可持续发展目标（SDGs）的首要目标是“在世界各地消除一切形式的贫困”。

实践当中逐步实现的。从扶贫的瞄准单元来看，大致经历了从贫困县到村、到片区[①]，再到户的一个过程，相继出现了国家扶贫开发工作重点县、整村推进、集中连片特困地区、贫困户建档立卡等核心工作作为每一个阶段扶贫开发的重点任务。党的十八大以来，面对全国14个集中连片特困地区、832个片区县和重点县、12.8万个贫困村、9000多万贫困人口，全国上下形成扶贫开发大格局、齐攻坚的良好氛围，“五级书记抓扶贫”、22个中西部省份立下脱贫“军令状”、贫困县县委书记不脱贫不离岗、派驻300多万驻村干部……在扶贫开发这场没有硝烟的战场上我们众志成城、久久为功。

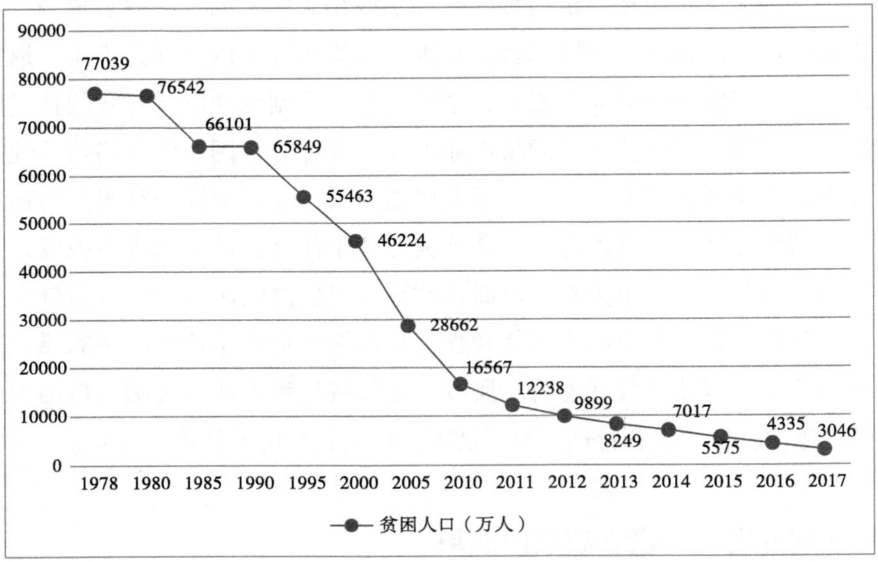

图1-1　现行农村贫困标准下我国农村贫困人口规模（1978—2017年）[②]

国家统计局统计数据显示，经过几轮的扶贫开发，我国农村贫困人口实现了大幅度的减少，按当年价现行农村贫困标准（按2010年不变价，2300元/人/年的标准）衡量，1978年末我国农村贫困发生率约97.5%，以

① 我国有组织的扶贫开发工作最早是以片区为瞄准单位的。1982年底，“三西”地区农业建设领导小组成立，通过扶持自然条件较好的河西、河套地区，来改造自然条件最差的甘肃中部18个县和宁夏8个县。自1986年全国建立了以贫困县为单位的瞄准机制后，片区的概念有所弱化。直到2011年末，第二个十年扶贫纲要将贫困片区再次带入了人们的视线，把连片特困地区当作扶贫攻坚的主战场。

② 数据来源于中国农村贫困监测报告。

乡村户籍人口作为总体推算，农村贫困人口规模 7.7 亿人；到了 2017 年末我国农村贫困发生率为 3.1%，贫困人口规模为 3046 万人（见图 1–1）。40 年实现了 7.4 亿贫困人口脱贫，年均减贫人口规模接近 1900 万人；农村贫困发生率下降了 94.4%，年均下降 2.4%。[①]2018 年 10 月 17 日，国务院扶贫办官方宣布，经县级提出、市级初审、省级核查和公示等程序，再通过第三方评估机构专项评估检查，2017 年全国有 20 个省区市 125 个贫困县“脱贫摘帽”。加上之前公布的 2017 年共有 28 个贫困县“脱贫摘帽”，全国 832 个贫困县中已有 153 个县脱贫摘帽，完成率为 18.4%。

尽管中国扶贫脱贫成就巨大，但需要清醒地认识到脱贫攻坚任务却十分艰巨。如何顺利实现 2020 年贫困人口全部脱贫、贫困县全部摘帽，如何确保既打赢又打好脱贫攻坚战，如何确保小康路上一个都不少成为亟须破解的问题。现阶段农村扶贫脱贫工作已经进入“攻坚拔寨”的关键时期，农村脱贫攻坚仍然面临着诸多严峻的挑战：绝对和相对贫困现象并存、扶贫资金边际收益逐渐递减、不同类型农户组间贫困程度差距显著、扶贫措施扶贫政策效果弱化、贫困人口内生动力不足、脱贫持续性不强、返贫现象时有发生等。

新时期针对脱贫攻坚的现实挑战，国家制定和出台了一系列政策措施：2014 年国家规制了“精准扶贫”工作模式的顶层设计，指出扶贫开发“贵在精准，重在精准，成败之举在于精准”；2015 年《中共中央关于制定国民经济和社会发展第十三个五年规划的建议》将“我国现行标准下农村贫困人口实现脱贫，贫困县全部摘帽，解决区域性整体贫困”作为要实现的重要目标；2015 年 11 月，中央扶贫开发工作会议提出，“必须以更大的决心、更明确的思路、更精准的举措、超常规的力度，众志成城实现脱贫攻坚目标。坚决打赢脱贫攻坚战，确保到 2020 年所有贫困地区和贫困人口一道迈入全面小康社会”；其后又陆续出台《关于打赢脱贫攻坚战的决定》

① 资料来源于国家统计局。同时以世界银行的标准（按 2011 年 PPP 计算，1.9 美元 / 天的标准）来测算，自 1981 年到 2012 年，我国贫困发生率从 88% 下降到 6.5%，贫困人口绝对数量从 8.78 亿下降到 8.7 亿，30 年间 7.9 亿多人口摆脱了贫困。世界银行 2015 年 10 月 7 日最新统计数据，参见 http: //iresearch.worldbank.org。

（2015）、《“十三五”脱贫攻坚规划》（国发〔2016〕64号）等。可见我国脱贫攻坚已经步入“攻坚拔寨”的关键时期，党和政府以最大的决心和最强的措施致力于农村贫困问题，农村扶贫脱贫的迫切性不言而喻。重点聚焦贫困群体，分类扶持贫困家庭，成为当前脱贫攻坚的关键举措，需要更加强调以“精准扶贫精准脱贫”为核心的扶贫脱贫工作，如何使贫困家庭脱贫也成为重要的研究问题。

1.2 贫困的教育——推动可持续发展

我们已经看到了经济的贫困，那么，教育是不是也“贫困”①？联合国、世界银行等权威机构认为，贫困并不只是表现为衣食住行的短缺，也不仅仅只是物质层面的“穷”。在更深的层面，贫困意味着对人的选择和机会的否定和对人格的侵害，意味着缺乏有效地参与社会的基本能力，无法享受基本的教育和医疗服务，没有权利，被排斥在群体生活之外，被剥夺福利状态。深入分析贫困的共性会发现，贫困人口之所以贫困的一个共同特征就是教育水平普遍较低。教育的匮乏与落后使贫困群体丧失脱贫的能力、机会和勇气。应该认识到教育是人的一项发展权利，对教育的投资其实是对个人可持续发展的一种投资，是一项扩展自我潜能、扩大自由、提升能力、开拓机会的途径。治贫先治愚，扶贫先扶志，扶贫必扶智，教育在扶贫脱贫中发挥着基础性、先决性和关键性作用。

2015年9月25日，联合国可持续发展峰会在纽约总部召开，联合国193个成员国在峰会上正式通过17个可持续发展目标（Sustainable Development Goals，简称SDGs）（见图1-2）②，可持续发展目标承接了千年发展目标，不把任何人排除在发展之外。SDGs的目标一就是“消除贫困”——在世界各地消除一切形式的贫困，贫困不仅是缺乏收入和资源导致

① 习近平总书记在《摆脱贫困》里谈到：“我们已经看到了闽东经济的贫困，那么，教育是不是也‘贫困’？把问题看得严重些，还是好的。因为这有助于增加我们的危机感和紧迫感。……农民有脱贫致富的决心，却伴有缺乏文化知识、科学技术的苦衷；乡镇企业、县级工业急待崛起，也存在诸事齐备、只缺人才的忧愁。”详见习近平. 摆脱贫困[M]. 福州：福建人民出版社，2016：172-173。

② 可持续发展目标，参见 https://www.un.org/sustainabledevelopment/zh/

难以维持生计，还表现为饥饿和营养不良、无法充分获得教育和其他基本公共服务、受社会歧视和排斥以及无法参与决策。SDGs 指出，经济增长必须具有包容性，才能提供可持续的就业并促进公平。SDGs 的目标二是“消除饥饿”——消除饥饿，实现粮食安全、改善营养和促进可持续农业；目标三是“良好健康与福祉”——确保健康的生活方式、促进各年龄段人群的福祉；目标四是“优质教育”——确保包容、公平的优质教育，促进全民享有终身学习机会。当前由于严重的贫困现象、武装冲突及其他紧急情况，发展中国家的教育事业面临严峻挑战，教育的发展仍然十分不平衡。事实已经证明教育是可持续发展的最大推动力之一，因此必须实现人人享有包容、优质教育。同时教育是实现其他诸多可持续发展目标的关键。如果人们无法获得优质教育，就无法打破贫穷循环。目标四旨在到 2030 年确保所有男女学童完成免费的初等及中等教育，并提供平等、廉价的职业培训，消除教育的性别差距和贫富差距，实现人人有机会接受优质高等教育。

从我国扶贫脱贫实践来看，目前在衣、食、住、行、交五个方面已经做了许多现实工作，比如在衣的方面开展衣物捐赠，食的方面有国家补贴和营养餐计划，住的方面有危房改造和易地扶贫搬迁，行的方面有基础设施的不断完善。与这些物质层面的现实需求相比，贫困人口在教育方面却暴露出许多不足与问题，成为被剥夺最严重的部分。目前在贫困地区，虽然免费九年义务教育基本实现了普及，但是对于贫困家庭而言适龄儿童失学、“自愿辍学”现象仍然严重，再加上新一轮的“读书无用论”和“知识无力感”在贫困家庭蔓延，贫困群体接受教育的主观意愿不强，往往过早的步入劳动力市场成为廉价的劳动力，自身的潜能或者可持续发展能力受到很大限制，导致贫困家庭陷入贫困的恶性循环。

习近平总书记历来高度重视教育工作，多次强调教育阻断贫困代际传递的重要作用。早在 20 世纪 80 年代，习近平总书记在福建宁德工作期间写下的《摆脱贫困》一书中，特别提到贫困地区教育的“马太效应”，强调“越穷的地方越难办教育，但越穷的地方越需要办教育，越不办教育就越穷。这种‘马太效应’，实际上也是一个‘穷’与‘愚’互为因果的恶性循环”①。党的十八大以来，习近平总书记在各地考察、出席会议时，先后多次就做好教育扶贫工作提出殷切希望，强调“扶贫必扶智，治贫先治愚”“抓好教育是扶贫开发的根本大计”“扶贫既要富口袋，也要富脑袋”“再穷不能穷教育，再穷不能穷孩子”“让贫困地区每一个孩子都能接受良好教育，让他们同其他孩子站在同一条起跑线上，向着美好生活奋力奔跑”②。

阻断贫困代际传递，教育是根本之策。但是实际上，长期以来我国的扶贫政策一直没能跳出能“有效输血”而无法“有效造血”的窠臼，当前扶贫开发工作中，更多的是依赖外部推动，比如外部资金的投入、外部产业的移植、外部企业的进驻，这就导致贫困地区教育发展相对落后，贫困人口教育水平相对较低，贫困地区和贫困人口只能参与到相关产业链条的末端，其内生动力的各个方面培育尚不完全等问题，进而严重影响贫困地区和贫困人口脱贫的可持续性。必须清醒地认识到，贫困群体的发展最终仍然取决于其自身内生动力的优劣和强弱。如何增强其自身的“造血功能”，实现“输血”式扶贫向“造血”式扶贫的转变，把“外部推动”和“内生动力”有效结合，发挥两方面最大的合力，成为教育扶贫亟待解决的问题之一。贫困人口只有通过教育才能转变其被动的“等靠要”的思想，提升其“自力更生”主动脱贫的能力。因此，教育问题成为贫困人口脱贫过程中关键问题，深入阐述和分析贫困家庭教育问题十分必要。

1.3 艰难的攻坚——摆脱困境的出路

对于贫困的传统理解往往以某一标准或者说贫困线来衡量和判定，低于贫困线的被认为是陷贫，在贫困线以上的被认为是脱贫。其实，汉字中“贫困”要表达的有两层含义：一个是“贫”，即财务、资产稀缺；一个是“困”，即陷于困境之中。与英文中“poor”“poverty”“poverty trap”等概念相比，贫困其实应该指“poverty trap”。但是从国内外的文献来看，并未对此进行区分，而是将“贫”“贫乏”“贫穷”与“贫困”混淆使用，所以导

① 习近平．摆脱贫困［M］．福州：福建人民出版社，2016：173.

② 中共中央党史和文献研究室编．习近平扶贫论述摘编［M］．北京：中央文献出版社，2018：131-144.

致对贫困的理解莫衷一是。本书在区分二者的关系之后，更强调的是后者“贫困陷阱”①。“贫困陷阱”更强调持续性贫困②，也就是说陷贫、脱贫不是以某一贫困线为衡量标准，而是围绕贫困陷阱展开的陷贫、脱贫问题，从根本上说是一种持续性贫困，应该说是持续性陷贫或者持续性脱贫。

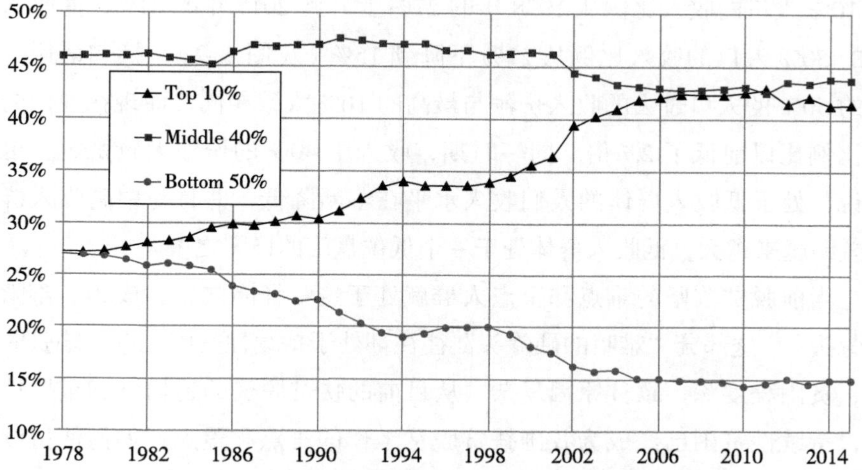

图 1-2　我国的收入差距情况（1978—2015）③

改革开放 40 多年来，得益于我国经济社会发展和扶贫脱贫效应的逐步释放④，“容易扶容易脱”的暂时性贫困或者结构性贫困对象已经逐渐地摆脱了贫困。我国经济的快速增长一方面创造了更多的工作和获得更高收入的机会，直接帮助穷人跨过了贫困线，另一方面政府也获得了更多的收入，能够拿出更多的支出用于教育、医疗和其他一些减贫的项目上，这种增长以双倍的力量在消灭贫穷⑤，保证了我国 40 年来数以亿计的人口摆脱贫困。但是无论是经济社会发展还是扶贫脱贫效应主动释放的涓滴效应都

① 王小林（2016）从收入贫困和多维贫困的角度，对我国“贫困”字面意思也做了解释，可参见 Wang, X., Feng, H., Xia, Q., and Alkire, S.（2016）.“On the relationship between Income Poverty and Multidimensional Poverty in China”. OPHI Working Paper 101, University of Oxford.

② 也可以说成是长期贫困（persistent poverty）、慢性贫困（chronic poverty）。

③ Piketty T, Yang L, Zucman G . Capital Accumulation, Private Property and Rising Inequality in China, 1978—2015［J］. Cepr Discussion Papers, 2017.

④ 不可否认过去 30 多年来中国经济的快速稳定的发展的确为消除贫困发挥了积极作用，在某种程度上可以视为“益贫式”经济增长（Pro-Poor Growth, PPG）。

⑤ Bhagwati J N . Poverty and Public Policy［J］. World Development, 1988, 16（5）: 539-555.

是有限的，那部分“不容易扶不容易脱”的持续性贫困或者慢性贫困对象，就逐渐被沉淀、被固化、被困于收入和福利的底层①，难以走出贫困恶性循环，深陷贫困陷阱难以自拔。这种“难以自拔”可以通过中国正在加剧的收入不平等现象得以说明。根据Piketty的估计，中国国民收入中收入最高的10%人口的收入比例从1978年的27%上升到2015年的41%，而收入最低的50%人口的收入比例从27%下降到15%（见图1–2）。换句话说，最低的50%的人口过去的收入份额与最高的10%大致相同，而现在他们的收入比例比以前低了2.7倍。同一时期，收入中40%的份额大致稳定。也就是说，处于低收入群体的人们收入水平在不断降低，并且与中高收入群体的差距越来越大，低收入群体处于一个低位盘旋的怪圈之中。

当前脱贫攻坚的难点和重点人群就处于这一怪圈之中，成为“难啃的硬骨头”。这部分“难啃的硬骨头”往往都处于持续性贫困之中，陷贫时间长、贫困程度深、致贫原因复杂。从目前的扶贫脱贫的迫切性和重要性来看，持续性贫困已经成为我国扶贫脱贫工作的难点和重点。如何使持续性贫困家庭彻底脱贫、如何保证脱贫后不返贫、如何实现扶贫脱贫的可持续性都是亟待解决的重要问题。依靠传统的概念不足以全面理解持续性贫困的意义，依靠传统的扶贫脱贫方式方法不足以系统解决持续性贫困的问题，所以，需要以全新的视角和全新的方法对持续性贫困问题进行分析和研究。

---

① 李小云．精准扶贫 实现共同富裕．啃下“贫困”这块硬骨头［J］．人民论坛，2015，（S2）：36–38.

第二章

从贫穷到贫困：世界难题

治贫先治愚。要把下一代的教育工作做好，特别是要注重山区贫困地区下一代的成长。下一代要过上好生活，首先要有文化，这样将来他们的发展就完全不同。义务教育一定要搞好，让孩子们受到好的教育，不要让孩子们输在起跑线上。古人有“家贫子读书”的传统。把贫困地区孩子培养出来，这才是根本的扶贫之策。

——习近平在河北省阜平县考察扶贫开发工作时的讲话
2012 年 12 月 29 日—30 日

围绕“贫困”展开的研究一直以来都备受关注，那么贫困与贫困陷阱有何区别，经济发展所带来减贫脱贫效果和现阶段的精准扶贫精准脱贫有何区别，教育在脱贫过程中又发挥什么样的作用呢？围绕这些问题，本章节主要梳理了贫困、贫困陷阱、贫困教育等方面的相关文献，在评述贫困与贫困陷阱的联系基础上，聚焦微观机制的家庭贫困陷阱；其次在梳理教育投资理论的基础上，对教育和脱贫的关系进行总结。

2.1 贫困问题

贫困问题目前作为发展经济学中的一个重要问题受到极大关注[①]。Kanbur（2002）[②]对学术界关于贫困问题的研究进行了初步划界：第一阶段从20世纪70年代到80年代中期，是贫困概念发酵形成期，涌现了诸如托尼·阿特金森（Tony Atkinson）、阿马蒂亚·森（Amartya Sen）为代表的一系列非常有价值的学术思想；第二阶段从20世纪80年代中期到20世纪末，是贫困概念整合、应用和相关政策辩论期，学术界开始将各种贫困概念与国家发展实际相联系，通过数据和政策实施情况来推动贫困概念的发展。在此过程中，尽管对贫困问题的理解有所不同，但正是这种观点的差异和论证不断深化和拓展了对贫困的认识，贫困问题逐渐从物质层面的客观审视到容纳主观感受、从一种静止状态到视为一个动态过程、从一个确定的概念到模糊的概念、从一维视野扩展到多维视野。

2.1.1 贫困的概念与标准

围绕贫困的研究离不开关于贫困概念界定和贫困标准的设定两个方面，不同的贫困定义就会有不同的贫困认识和衡量标准。经济学家迪顿（Angus Deaton）在《逃离不平等》中写道，“真相是我们经常不知道自己在干什么。

① 舒尔茨曾在《贫困经济学》一文中指出，“虽然经济学家们已经对经济稳定和经济增长做过了大量的分析研究，但是在经济学中却仍然缺乏带有理论性的贫困问题的专门研究。”详见［美］西奥多·W·舒尔茨，论人力资本投资［M］.吴珠华等译，北京经济学院出版社，1990：54。

② Kanbur，R.（2002）. Conceptual Challenges in Poverty and Inequality：One Development Economist's Perspective.（Vol.69，pp.521 - 544）. Cornell University，Department of Applied Economics and Management.

任由重要的事情由这些数据来决定，必定是个错误。”[①] 计算贫穷是最终关系到共识的问题，而非科学校准。贫困概念和标准不仅要被政策制定者所采纳，还需要得到公众和穷人的认可。对于贫困的研究首先应该明确这两个问题，即贫困概念如何界定，贫困标准如何设定。

学术界有关贫困的研究开始于19世纪末，主要以英国经济学家为主，如布什（Booth，1889）、朗特里（Rowntree，1902）、汤森（Townsend，1980）等人都是研究英国的贫困问题。但是对于贫困的认识经历了从单一的物质指标到考虑人的社会需要的转变过程，朗特里将贫困定义为家庭总收入不足以支付维持家庭成员身体正常功能所需最低数量的生活必需品的状态，包括食品、衣服、住房等[②]，这种也被称作绝对贫困、生存贫困。之后，在对贫困的概念理解方面逐渐扩展完善，满足人的基本生存物质需求仍然是最基本的，但是对于人的精神上的、情感上的、社会方面的考量不断得到重视，如奥本海默（Oppenheim，1996）认为“贫困是指物质上的、社会上的和情感上的匮乏”[③]。国际组织长期以来也关注贫困问题，比如欧共体在1989年《向贫困开战的共同体特别行动计划的中期报告》中给贫困下的定义：“贫困应该被理解为个人、家庭和人的群体的资源（物质的、文化的和社会的）如此有限，以致他们被排除在他们所在的成员国的可以接受的最低限度的生活方式之外。[④]”我国统计局给出的贫困定义是：“贫困一般是指物质生活困难，即一个人或一个家庭的生活水平达不到一种社会可接受的最低标准。他们缺乏某些必要的生活资料和服务，生活处于困难境地”[⑤]。

---

① ［美］安格斯·迪顿著，逃离不平等［M］. 崔传刚译 . 北京：中信出版社，2014：213.

② Rowntree B S，Hunter R. POVERTY：A STUDY OF TOWN LIFE［J］. American Journal of Sociology，1902，11（Volume 7，Number 6）：260–266. 转引自沈扬扬 . 中国农村经济增长与差别扩大中的收入贫困研究［D］. 南开大学，2013.

③ Oppenheim C，Lisa H，Group C P A. Poverty the facts.［J］. Child Poverty Action Group，1993.

④ 胡敏 . 精准扶贫精准脱贫需要新思路［N］. 中国经济时报，2015-07-23（005）.

⑤ 叶普万 . 贫困概念及其类型研究述评［J］. 经济学动态，2006,（07）：67-69+119.

表 2-1　有关贫困概念的主要观点

代表人物	主要观点	出处
朗特里	一定数量的货物和服务对于个人和家庭的生存和福利的必需的；缺乏获得这些物品和服务的经济资源或经济能力的人和家庭的生活状况，即为贫困。	《贫穷：对城市生活的研究》
汤森	所有居民中那些缺乏获得各种食物、参加社会活动和最起码的生活和社交条件的资源的个人、家庭和群体就是所谓贫困的。	《英国的贫困：家庭财产和生活标准的测量》
奥本海默	贫困是指物质上的、社会上的和情感上的匮乏。它意味着在食物、保暖和衣着方面的开支要少于平均水平。……首先，贫困夺去了人们建立未来大厦——“你的生存机会”的工具。它悄悄地夺去了人们享受生命不受疾病侵害、有体面的教育、有安全的住宅和长时间的退休生涯的机会。	《贫困真相》
欧共体	“贫困应该被理解为个人、家庭和人的群体的资源（物质的、文化的和社会的）如此有限，以致他们被排除在他们所在的成员国的可以接受的最低限度的生活方式之外。	《向贫困开战的共同体特别行动计划的中期报告》

世界经济和区域经济的不均衡发展以及贫富差距的不断扩大，推动着贫困认识转向相对贫困。相对贫困意味着对于一部分群体在物质生存、生活发展方面的一种相对剥夺或者相对排斥，而且相对贫困具有动态性、相对性、主观性等特点，任何社会都存在相对贫困，在其存在性上较持久，程度上更深。相较于绝对贫困，相对贫困的出发点是人们间收入的比较和差距，是相对全社会而言表现出来的贫困状态。其本质上已经与分配不公、生活质量下降以及引起的精神痛苦等因素相关（见表 2-2）。相对贫困为我们理解社会经济的不平衡发展提供了解释，同时也促使贫困概念更具包容性，打破之前单纯依靠经济增长实现减贫脱贫的方式，产生了包容性增长、益贫式增长、多维贫困等概念，一方面丰富了贫困的理论、扩展了贫困概念外延，另一方面从实际出发更加重视公平视域下经济发展的减贫效应。

贫困标准（贫困线）的制定一般基于大量的学术研究、实地调查和数学模型等。目前针对不同的认识和共识，主要有绝对贫困线、相对贫困线和主观贫困线。绝对贫困线主要有“预算标准法、食物支出份额法、马丁法和食物—能量摄取法。相对贫困线包括预算标准法、社会指标法、扩展线性支出系统法和收入法等”。[①] 目前各国贫困标准并没有统一，不同国家根据本国的国情分别制定了差异化的贫困标准，从搜集的资料来看，发展中国家仍然以收入为主要的衡量标准，进一步采取不同的测算方法确定贫困标准；发达国家以相对贫困为主，对于贫困标准的确定则更加细化详细。

表 2–2　绝对贫困与相对贫困比较 [②]

贫困类别	特征识别	共同点	不同点
绝对贫困	①它以贫困线为衡量标准，低于贫困线就是绝对贫困；绝对贫困的国际标准由下线标准和上线标准以及区间范围组成，下线标准以下为赤贫人口 ②贫困线就是购买基本的必需品或维持最低限度生活需要的最低收入水平。这里的必需品一般包括人体最低需要摄取的食品、最简单的衣物、住房等，并且这些只是为了维持最基本的生存需要 ③强调贫困的客观性和绝对数量 ④绝对贫困是可以消除的	缺乏足够收入来维持一种社会认可的生活标准的状态	绝对贫困只是为了维持最基本的生存需要，而相对贫困是相对于社会上其他人的收入而言
相对贫困	①相对贫困是以社会平均生活水平为衡量标准，它是介于贫困线和社会认定的某种平均水平间的一种生活状态 ②相对贫困的出发点是人们间收入的比较和差距，是相对全社会而言表现出来的贫困状态。其本质上已经与分配不公、生活质量下降以及引起的精神痛苦等因素相关 ③强调在一定区域范围内人的生存质量和水平的相互比较，具有一定的主观偏好，并依赖于一定的主观价值判断 ④任何社会都存在相对贫困		

2.1.2 贫困的测量与方法

对于贫困的研究离不开贫困测量，主要涉及两个问题：贫困识别和贫困度量。前者是指采用一定的标准将贫困对象和非贫困对象区分开来；后者是指采用一定的标准测算出一个国家、一个地区的贫困程度。二者在具体的实践过程中往往相互交织，不同的测量方法会产生不同的贫困线或者贫困标准，在研究中使用的贫困线不同，那么识别出来的贫困人口就会不同。但是从目前的研究情况来看，贫困度量的相关研究相对比较成熟。常

① 池振合，杨宜勇 . 贫困线研究综述［J］. 经济理论与经济管理，2012，（07）：56–64.

② 全国扶贫宣传教育中心编，中国扶贫理论的形成与发展［M］，北京：中国农业出版社，2018：7.

用的度量方法有如下几种：贫困人口数（headcount，HC），贫困人口比率（headcount ratio，HCR），贫困缺口比率（poverty gap ratio，PGR），收入缺口比率（income gap ratio，IGR）等，学术界影响较大的是FGT指数①，因为其函数形式具有良好的性质被广泛使用于贫困的测度和评价。

但是这些测量方法不能综合衡量贫困程度，阿玛蒂亚·森对贫困提出了一系列研究和假设，在其著作《贫困与饥荒》提出了有关贫困度量的公理化方法②，并且构建了一个森指数。之后又相继提出了有关可行能力（capability approach）③的观点。后续学者在此基础上，一方面继续推进贫困测量方法向更加严谨、公正方向发展，另一方面不断推进以可行能力为基础的多维贫困在全球应用和推广。比如Shorrocks（1995）"考虑到森指数的最初形式并不满足连续性等公理，提出了改进的S指数即SST指数，并证明了SST指数满足强转移性、连续性和复制不变性公理"④。再比如联合国开发计划署（UNDP）基于森的可行能力理论，构建了人类发展指数（Human DevelopmentIndex，HDI）和人类贫困指数（Human PovertyIndex，HPI），用于测度各国的贫困程度。牛津大学贫困与人类发展研究中心（OPHI）⑤在森理论和联合国可持续发展目标的框架下，构建了基于教育、健康、生活条件的三大维度和十类指标（Alkire S，2011⑥）。

表 2-3　相关贫困指数测量方法

名称	主要内容
森指数（Sen index）	$\mathrm{Is}(y_p)=H\left[1-(1-X_P)(1-G(y_p))\frac{q}{1+q}\right]$， 其中$y_p$为贫困人口的收入按非递减顺序排列的向量，H为贫困率，X_P为总人口的平均贫困差距率，$G(y_p)$穷人收入分布的基尼系数，q为总人口中低于贫困线的人数。

① Foster J，Greer J，Thorbecke Erik. A Class of Decomposable Poverty Measures [J]. Journal of Econometrics，1984（52）：761-765.

② ［印］阿玛蒂亚·森，贫困与饥荒［M］. 王宇，等译，北京：商务印书馆，2001：229-242.

③ Sen，Amartya. Development as freedom [M] .New York：Oxford University Press. 1999：13-34.

④ 张锦华. 基于SST指数的中国农村教育贫困分析［J］. 中国农村观察，2005，（05）：10-16+80.

⑤ 有关多维贫困更多内容可见 http：//www.ophi.org.uk.

⑥ Alkire S. and Foster J. Counting and Multidimensional Poverty Measurement. Journal of Public Economics. 2011，95：476- 487.

续表

名称	主要内容
FGT 指数（Foster–Greer–Thorbecke index）	$F_\alpha = \frac{1}{n}\sum_{i=1}^{q}\left(\frac{z-y_i}{y_i}\right)^\alpha$， 其中 α 为社会贫困厌恶系数，其数值越大，该指数对低收入群体的关注越强烈，贫困人口贫困程度得到更多反应。最具代表性的三个 FGT 指数：贫困发生率指数（α=0）简称 H 指数；贫困距指数（α=1）简称 PG 指数；平方贫困距指数（α=2）简称 SPG 指数。
SST 指数（Sen–Shorrocks–Thon index）	$\text{Isst}(y_p)=H\left[X_p+(1-X_p)G(y_p)\right]$。 其中 y_p 为贫困人口的收入按非递减顺序排列的向量，H 为贫困率，X_p 为总人口的平均贫困差距率，$G(y_p)$ 穷人收入分布的基尼系数，q 为总人口中低于贫困线的人数。
HDI（Human Development Index）	人类发展指数（HDl）主要涵盖了长寿且健康的生活、教育及体面生活、尊严三个维度的问题。这一指数建立在“人类发展”概念基础上，后者将人类发展视角定义为“一个有关个人福祉、社会安排以及政策设计和评估的规范性框架”。
MPI（Multidimensional poverty index）	该指数主要从教育（education）、健康（health）和生活水平（living standard）三大维度，十类指标（学校教育及儿童入学、儿童死亡率和营养、电力、住房、饮水、卫生、做饭材料和资产）测算发展中国家人类贫困程度（UNDP，2010）。

按照新古典经济学理论，经济增长可以自动惠及穷人，但是实际上这种“渗漏效应”（又称“涓滴效应”）的效果较小，而且很多情况下穷人的收入增长速度要慢于平均的增长速度。益贫式增长（Pro–Poor Growth，PPG）近些年被政府和研究机构广泛采纳和应用，以此为核心学者们也构建了相应的测量方法，比如 Kakwani & Pernia 指数，他们认为“推进贫困增长需要一种有意偏向于穷人的发展战略，这种战略要确保穷人的收益比例高于非贫穷人口”①；再比如 Ravallion & Chen 指数，他们认为，只要穷人的整体经济增长水平或速度高于平均增长速度，即便某些穷人的收入增速较慢，也是一种亲贫困增长模式②。其他相关的 PPG 概念和度量方法还包括（见表 2–4）：减贫率、显著减贫、穷人收入的正增长、穷人的增长超过平均增长水平、弹性分析法、偏袒穷人的增长、加权增长率等③。随着益贫式增长测

① Kakwani N，Pernia E M. What is pro–poor growth?［J］. Asian Development Review，2000.

② Martin Ravallion，Shaohua Chen. Measuring pro–poor growth［J］. Economics Letters，2003，78（1）：93–99.

③［德］普里威 & 赫尔著 . 发展与减贫经济学——超越华盛顿共识的战略［M］. 刘攀，译 . 成都：西南财经大学出版社，2006：9–11.

量方法的成熟和完善，可以根据不同农户、不同地区、不同层次、不同领域，分别计算出较长时期内经济增长的益贫效应。

表 2-4 PPG 不同测量方法

名称	衡量标准
减贫率	$y_{pc}>0$，$p_{chr}<0$
显著减贫	$y_{pc}>0$，$p_{chr}<$标准
穷人收入的正增长	$y_{poor}>0$
穷人的增长超过平均增长水平	$y_{poor}>y_{pc}$
弹性分析法	$e=p_{chr}/y_{pc}$；$y_{pc}>0$ 时，最小化 e
偏袒穷人的增长	$y_{poor}>y^{*}_{poor}$
加权增长率	$y^{weighted}>y_{pc}$
基尼系数	降低基尼系数

注：y_{pc} 表示人均真实 GDP 增长率；p_{chr} 表示贫困人口变化率；y_{poor} 穷人的真实收入增长率；y^{*}_{poor} 表示在收入分配比例不变的条件下，穷人的收入增长率；$y^{weighted}$ 代表把不同收入阶层的人口比重作为权重，加权后的真实收入增长。

2.1.3 贫困的产生与原因

无论是对贫困概念的界定还是贫困测量的方法，其背后都是基于某种贫困假设前提基础之上，也就是要回答贫困由何而生，产生贫困的原因是什么的问题。比如物质层面、单一维度的贫困概念是基于生存需求这一种贫困原因，能力贫困或者多维贫困是基于教育、医疗、生活条件等多种原因。当然产生贫困的原因很多，不同时间、不同地点导致贫困的原因也是不同的，主要有以下三类：

（1）自然环境因素。恶劣的地理环境和频繁的自然灾害成为一种由外力施加的、不可抗的且是最严重的致贫原因。综观贫困地区或者说不发达地区多是处于这种特殊的自然环境当中，如大山、高原、沙漠、戈壁、裸岩、冰川以及永久性积雪等地域，这些地区的地质地貌较为特殊、生态地理环境极为复杂，构成了陷贫的潜在风险。据统计，在生态脆弱的县级行政单位中，76% 为国家扶贫开发工作重点县，这些县的土地面积、耕地面积和人口数量，分别占到生态脆弱地区土地面积的43%、耕地面积的68%、人口数量的76%。以我国集中连片特殊困难地区为例，这些区不仅自然环境恶劣，地形条件复杂，生态基础脆弱，而且交通闭塞，城市基础设施落后，导致其经济发展落后，处于区域经济发展的边缘位置。同时，贫困区分布与生态脆弱区、限制或禁止开发区、少数民族集聚区、边境地区和革命老区在空间上呈现较高程度的重叠，再加上其贫困的整体性、成因复杂性以及脱贫难度的艰巨性等特征，导致其成为我国贫困人口分布最多、最集中的区域。

（2）经济政策因素。贫困在很大程度上是二元经济的产物，尤其在发展中国家长期以来存在的二元经济拉大了农村与城市之间的差距，再加上许多国家从政策层面实施偏重城市发展的制度，使得农村地区、贫困地区在政治、经济、文化等方面处于劣势。在这种不公平的制度环境下，随着“马太效应”的逐渐累积，公共资源、公共政策不断向相对富裕的对象转移，贫困对象的贫困程度逐渐加深。以威廉·J·威尔逊（William Julius Wilson）为代表的结构经济理论认为，贫困的直接原因是缺乏为全美人民提供平等的机会，该理论主要从几方面解释贫困：有限及不平等的经济机会、不充分的和不公平的教育体制、政治权利匮乏、政府政策的偏见和种族及性别的歧视。贝克尔和托马斯（Becker & Tomes）从贫困与劳动力市场的关联角度出发，指出经济资源匮乏阻碍了儿童人力资本的发展，进而降低该群体找到好工作的能力。詹姆斯·托宾（James Tobin）认为健康的经济和贫困率之间有着密切的联系，许多穷人缺乏日益复杂的经济所需要的技能。可见，结构经济理论将外在的经济发展变化、结构变化等因素加以考虑，更关注人们是否有同等的机会获取经济、教育资源、尊重等。

（3）人口文化因素。著名的“人口陷阱”理论认为随着人口持续增长将会造成土地生产压力增大从而陷入贫困。而在广大的贫困地区或不发达地区往往是生育率较高的地区，容易陷入“越穷越生，越生越穷”的恶性循环。另外，与人口密切相关的教育水平不高和文化素质较低也是重要的致贫原因，以奥斯卡·刘易斯（Oscar Lewis）、麦隆·马格尼特（Myron Magnet）和查尔斯·莫里（Charles Murray）为代表的文化/行为论者通常认为，贫困与穷人自身的文化、行为、价值观有关。奥斯卡·刘易斯认为：贫困是一种自我维持的文化体系，贫困文化一旦形成，便会对生活在其中的人产生影响且与主流社会隔离，并不断复制贫困。麦隆·马格尼特将世代相传的既贫穷又有依赖性的人群定义为“下层阶级”（Underclass），认为文化对经济、社会具有重要的影响作用。下层阶级正是因为缺乏雄心、毅力、社会技能等内在的文化动力，导致其不能抓住身边的机会而无法脱贫。贫困地区的贫困人口相较于发达地区的人口在生活方式、思维方式、信仰方式，以及知识、观念、习俗和技能等方面呈现出滞后与缺乏现象。贫困地区一方面受到风俗习惯、民族特征的影响，思想观念比较保守落后，另一方面受限于上述自然环境因素的影响，接受新的文化、新的思想较为困难，两种因素内外叠加导致其人口文化素质普遍较低。这种贫困具体表现为生活单调、节奏缓慢，人们精神萎靡、惰性化，思维视野狭窄，目光短浅，时间观念差，乏志而无开拓进取精神，安于现状，自足自乐。这种生活方式、精神面貌与心态，反映和体现了一种淳朴的传统人生观、价值观与思维上的定式，在某种程度上导致了贫困的产生。

2.2 贫困陷阱

发展与贫困是一个此消彼长的过程，“发展意味着消除贫困”。从国家宏观层面来看，一国经济发展就是使国富民强，就是在消除贫困。国家不同发展阶段对消除贫困产生了不同的作用，其背后也存在着不同的微观机理，而这些微观机理同样适用于以家庭为单位的贫困问题。现阶段以国家经济发展的“涓滴效应”和“扩散效应”为代表的消除贫困已经基本实现，而以家庭为特征的处于长期性、持续性贫困状态的微观单元将成为研究的主要对象。

2.2.1 贫困陷阱的宏观存在

根据新古典主义经济学的一般理论，“经济发展是通过市场机制驱动的经济增长而自然实现的累积过程。经济增长所产生的效果一般会通过纵向的‘涓滴效应’和横向的‘扩散效应’，自动地、逐步地分配到所有社会阶层、所有人群，自然而然地形成帕累托最优状态”[①]。但是，经济增长是否有利于减缓贫困，重要的是取决于穷人能够从经济增长获得多少收益，或者说经济是否是“益贫式”增长。在现实中，不少发展中国家并没有顺利地实现经济增长的自动惠及，反而是出现了经济增长放缓、贫富差距扩大的现象。这种存在于发展中国家的贫困自我持续、甚至自我强化的现象，构成了发展经济学中的“贫困陷阱”问题，它“一般是指处于贫困状态的个人、家庭、群体、区域等主体或单元由于贫困而不断再生产贫困，长期处于贫困的恶性循环中而不能自拔”[②]。从宏观层面来说，由于规模报酬递增的存在，一国的经济发展或者说收入增长必须累积到一定的临界值或者达到一定的“门槛”，经济才能发展起来，发展中国家之所以贫穷落后，就是由于没能越过这道“门槛”，处于贫困陷阱之中。

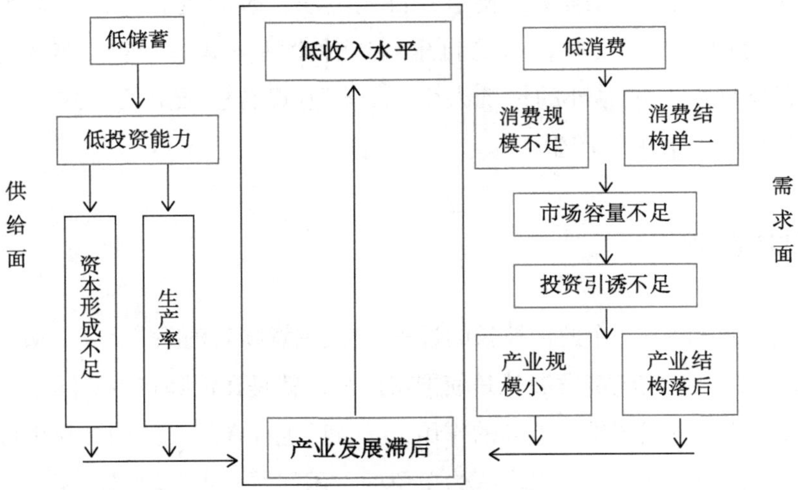

图 2–1　贫困恶性循环示意图[③]

从现有的文献来看，对贫困陷阱的研究多是从发展经济学的视角展开，比如是纳克斯（Nurkse，1953）的“贫困恶性循环”理论，纳尔逊（Nelson，1956）的“低水平均衡陷阱”理论、缪尔达尔（Myrdal，1957）的

① 叶初升，刘业飞．高考．贫困陷阱的微观机制与实证研究述评［J］．经济学家，2012，（04）：21–28.

② 甘露．西部欠发达地区农村贫困的影响因素［J］．重庆社会科学，2010，（01）：41–43.

③ 齐良书编著．发展经济学［M］．北京：高等教育出版社，2007：38.

“循环累积因果关系”理论[①]以及世界银行《东亚经济发展报告（2006）》提出的“中等收入陷阱”（Middle IncomeTrap）概念等。这一阶段的观点主要是从宏观角度出发，指出国家发展过程中由于物质资本匮乏和投资不足陷入贫困陷阱。此外，还包括人口陷阱理论、制度失灵理论等，分别从人口增长、制度制定、政策安排等角度解释了国家发展过程中如何陷入贫困和消除贫困的问题。但是这些研究的共同点是都将贫困陷阱作为一种宏观存在，从国家发展的角度论述贫困陷阱问题，而任何宏观现象必然有其微观基础和内在机理，需要对贫困陷阱做进一步的微观解释。

2.2.2 贫困陷阱的微观解释

按照“贫困恶性循环”的逻辑，可以依据不同的贫困原因和类型，构建微观层面的“贫困家庭恶性循环”。较早从微观角度对贫困陷阱进行系统解释的是 Bowles[②] 等人，他们从三个角度对贫困陷阱的形成机制进行了阐释：门槛效应（critical threshold）、制度失灵（dysfunctional institution）和邻里效应（neighborhood effect）。其中门槛效应认为，要摆脱贫困陷阱需要达到一定的门槛（Matsuyama，2004；Azariadis，2006）；制度失灵认为无效的制度会导致市场失灵，甚至产生对旧的制度的路径依赖从而阻碍发展，促使贫困一直持续下去（North，1990；青木昌彦，2002）；邻里效应认为居住在一起或者生活在一起的成员之间会产生相互影响，比如集体效能、同龄人效应、角色榜样效应以及犬儒主义，都会加剧贫困（Durlauf，2006；Semmler，2007；Sampon，2011）。Barrett 和 Swallow（2003）[③] 还提出一个分形贫困陷阱的解释框架，并指出在微观、中观、宏观三个层面存在贫困状态的自我反馈和自我强化，从而会达到多种动态均衡。而且在实现均衡的过程中，任何一个小的调整是不可能移动或是改变其主导的、稳定的动态平衡状态的。政府、市场和社区在分形贫困陷阱的特征下同时处于弱势，

---

① 习明明，郭熙保．贫困陷阱理论研究的最新进展［J］．经济学动态，2012，（03）：109–114.

② 比较成熟且系统全面对贫困陷阱进行解释可相见“Poverty Traps”这本书。Samuel Bowles，Steven N. Durlauf，& Karla Hoff，Poverty Traps，Princeton University Press，2006.

③ Barrett C B，Swallow B M. Fractal poverty traps［J］. World Development，2003，34（1）：1–15.

没有哪一个在这样的系统中处于高层次的平衡。

Steiger（2009）[①] 在个体有限理性和人力资本外部性的情况下，通过多重均衡模型检验了学习对稳定性和动态性的影响，结果发现：第一，只有贫困陷阱而没有教育是一个局部稳定的均衡点；第二，即使现有的人力资本水平低，冲击预期或者自适应学习产生的内源性振荡可以摆脱贫困陷阱。Maria（2011）[②] 的模型中认为家庭最初的收入和人力资本不均等以及儿童接受教育的差异导致了贫困陷阱的产生，在一定的条件下，经济会趋于稳态，其中有两个构成了贫困陷阱，降低了经济的当前和稳定的总产出水平及其增长速度。从长远来看，如果实施均衡的教育发展政策，有可能会减少初始的不公平，减少陷贫的发生。Robichaud（2014）[③] 在可计算的一般均衡模型（CGE）的基础上，综合价格、数量、学生在校表现等因素构造了一个反映收入分配和贫困的宏观 – 微观模型，来评价教育经费对家庭贫困的影响。Bilenkisi（2015）[④] 研究了家庭户主教育水平与家庭贫困风险之间的关系，通过性别、居住地、就业状况、年龄、社会津贴等作为控制变量，来捕捉个人的异质性。结果发现：第一，家庭的贫困和家庭户主的教育水平存在负相关关系；第二，毕业于职业技术学校的家庭的贫困风险低于高中毕业的家庭。Bursztyn（2016）[⑤] 通过实验调查和奖励选择发现，对于低收入家庭更青睐直接的、短期内对其有利的再分配方案，比如现金转移。但是这也成为发展中国家的穷人可持续发展能力弱的原因。由此可见，贫困陷阱在微观层面也是同样存在并且对于个人和家庭的行为演进有着重要作用。

---

① Steiger L C. Escaping the Poverty Trap：Expectations，Adaptive Learning and Human Capital Accumulation[J]. 2009.

② Maria Emma Santos. Human Capital and the Quality of Education in a Poverty Trap Model [J]. Oxford Development Studies，2011，39（1）：25–47.

③ Robichaud V，Tiberti L，Maisonnave H. Impact of increased public education spending on growth and poverty in Uganda. An integrated micro–macro approach[J]. Working Papers Mpia，2014.

④ Bilenkisi F. The Impact of Household Heads' Education Levels on the Poverty Risk：The Evidence from Turkey. [J]. Educational Sciences Theory & Practice，2015，15（2）：337–348.

⑤ Bursztyn L. Poverty and the political economy of public education spending：evidence from brazil[J]. Journal of the European Economic Association，2016，14（5）：1101–1128.

2.2.3 家庭贫困陷阱的特征

经济增长是否有利于减缓贫困，取决于穷人能够从经济增长获得效益。这种“益贫式”的增长，其实更加强调以家庭为单位的微观个体的发展问题。考虑贫困家庭的异质性、特殊性以及贫困的差异性，家庭一旦陷入贫困陷阱，往往是一种持续性贫困，甚至是一种具备代际传递性质的贫困。

2.2.3.1 家庭贫困代际传递

贫困陷阱的家庭特征主要表现为“贫困代际传递”，“贫困代际传递”是指贫困以及导致贫困的相关条件和因素，在家庭内部由父母传递给子女，使子女在成年后重复父母的境遇——继承父母的贫困和不利因素并将贫困和不利因素传递给后代这样一种恶性遗传链条；也指在一定的社区或阶层范围内贫困以及导致贫困的相关条件和因素在代际之间延续，使后代重复前代的贫困境遇[①]。

要理解贫困代际传递的致贫原理，我们可以从代际传递的时间性和内容性两方面进行。从时间性来看，贫困代际传递是在上一代与下一代甚至更长远的代际之间发生的，简单地说也就是在父子两代人甚至三代、四代人之间发生的。从内容性来看，上一代可以通过金融、物质与环境资本、人力资本、社会、文化和政治资本进行传递（见表 2–5）。后代人会接受自己上一代人流传下来的资本，并且为此付出额外成本或得到了额外受益。在贫困的代际传递过程中，后代人要承担在自然、社会和经济演进过程中的人为不平等。

表 2–5　父辈对子辈的贫困资本的代际传递内容和方式

传递什么？	如何传递？
金融、物质与环境资本	

① 郭晓娜．教育阻隔代际贫困传递的价值和机制研究——基于可行能力理论的分析框架［J］．西南民族大学学报（人文社科版），2017，（03）：6–12.

续表

传递什么?	如何传递?
——现金 ——土地 ——住房和其他建筑物 ——其他生产 / 非生产有形资产（如人力车、犁、缝纫机、电视） ——共同财产资源 ——债务	——保险，养老金 ——继承、遗赠财产 ——生前礼物和贷款 ——聘礼 ——环境保护或降解 ——劳动的束缚
人力资本	
——学历、知识、技能、应对和生存策略 ——良好的精神和身体健康 ——疾病，损害 ——智力	——社会化 ——在护理上的时间和资本投资 ——在教育和培训上的时间和资金投入 ——在健康、营养上的时间和资金投入 ——遗传
社会、文化和政治资本	
——传统、制度、规范和价值体系 ——地位（如家族，阶级，种族，民族，语言，外表） ——权利，政治上的庇护，民间社会组织和发展机构 ——文化贫困	——社会化与教育 ——亲属关系 ——地理位置 ——遗传

资料来源：Hulme D, Shepherd A. Conceptualizing Chronic Poverty[J]. World Development，2003，31（3）：403–423.

从国内外对家庭代际传递研究来看，父辈对子女的教育影响深远。较早关注家庭对子女教育影响的是《科尔曼报告》（也称《教育机会平等报告》），其中指出[①]，美国黑人子女受其家庭经济状态的影响，文化水平低、学业成绩差、自我评估低。Mare（1981）[②] 通过构建关联决策权重函数对不同年代、不同年龄组的教育情况进行研究，在比较了家庭背景和学校对于

① J.S. Coleman，E. Campbell，C. Hobson，et al. Equality of Educational Opportunity. Washington，DC：U.S. Government Printing Office，1966.

② R. D. Mare. Change and Stability in Educational Stratification [J]，American Sociological Review，1981，46，（1）：72–87.

教育的影响后发现，家庭背景对教育机会有显著影响。Barham et al（1995）① 认为个人财富的世代交叠模型和受教育程度有关，而家庭的流动性约束诱导孩子投资最优水平的教育能力。儿童的能力与其父母的能力有很大关系，尤其是儿童的能力培养需要从家庭进行借款来实现，而穷人的儿童因为家庭财富储蓄不足而不能进行有效的教育投资，从而陷入贫困陷阱。Wu et al（2008）②基于内生增长理论构造了一个跨期替代模型，分析了中国农村教育问题，他们的分析指出，城市和农村、发达地区和欠发达的农村地区，由于家庭最初的经济禀赋不同，所采取的教育成长路线也不同，进而导致经济增长的差异。Knight et al（2009，2010）③基于家庭收入、教育情况和信贷约束构建了一个贫困陷阱均衡方程，并利用 2002 年中国农村家庭抽样数据对入学和辍学情况进行了实证分析，结果发现，家庭收入水平低对于子女的教育产生不利影响，导致贫困陷阱。Horii et al（2012）④ 构造了一个代际交叠与劳动力市场的模型，解释发展中国家持续的教育水平低的问题。如果父母文化水平较低，孩子经常面临困难，难以完成学业，因此可能维持未受过教育的状态。此外，如果家庭预期同龄孩子也都未接受教育，且企业不会为受过教育的人提供工作岗位，那么会进一步恶化教育水平低的现象。这种代际之间（inter-generational）和代际内部（intra-generational）的机制相辅相成，形成严重的贫困陷阱。吴愈晓（2013）⑤ 使用 CGSS2008 数据，检验了户籍、家庭社会经济地位、父母受教育年限以及兄弟姐妹数量等因素对初中、高中和大学三个教育阶段升学机会的影响，研究发现，初中升学机会的城乡差异没有变化，高中和大学升学机会的城乡不平等有扩

---

① Barham V，Boadway R，Marchand M，et al. Education and the poverty trap.［J］. Core Discussion Papers Rp，1995，39（7）：1257-1275.

② Wu F，Zhang D，Zhang J. Unequal education，poverty and low growth—A theoretical framework for rural education of China.［J］. Economics of Education Review，2008，27（3）：308-318.

③ J. Knight，Li S & Deng Q（2009）Education and the Poverty Trap in Rural China：Setting the Trap，Oxford Development Studies，37：4，311-332，DOI：10.1080/13600810903305232.

④ Horii R，Sasaki M. Training and innovation in an imperfect labour market.［J］. Journal of Public Economic Theory，2012，14（14）：131-160（30）.

⑤ 吴愈晓 . 中国城乡居民的教育机会不平等及其演变（1978-2008）［J］. 中国社会科学，2013，（3）：4-21.

大趋势；父母受教育年限对子女教育获得的作用显著，而且其作用持续上升。Fan（2014）[①] 构建了一个包含经济、社会和文化资本的中国家庭对孩子教育影响模型。结果表明，所有三种类型的资本有显著影响个体的教育，但一个家庭的文化资本的强大效果。赵颖（2016）[②] 利用 CHNS1989—2011 年的数据，就下岗职工对子女教育影响和机制进行分析。发现下岗职工对子女教育产生近 -6.9%—-4.3% 负面影响，导致这种人力资本积累过程中相对贬值的内在机理在于家庭资源减少直接对子女教育产生负面影响，而家庭内部风险的代际传递和外部教育体制的改革都在一定程度上放大了这种影响程度。

2.2.3.2 家庭持续性贫困

从贫困动态学的角度来看，贫困可以分为两大类，一种是短时的、暂时的贫困（temporary poverty），一种是长期的、持续性的贫困（persistent poverty）。短时的、暂时性的贫困可能由于自然灾害等重大事件导致的短时间的收入或福利水平的下降，当出现有利的经济社会因素时，这部分群体会很快走出贫困。而持续性贫困却不同，他是一种持续时间长，贫困程度深的贫困，有时也被称为“慢性贫困”（chronic poverty），像一种疾病一样长期存在很难治愈。Hulme[③] 提出了一个五级分类的持续性研究框架，其中包括从不贫困、偶尔贫困、摩擦贫困、经常贫困和总是贫困（见图 2-2），其中总是贫困和经常贫困划归为持续性贫困，摩擦贫困和偶尔贫困划归为暂时性贫困，从不贫困划归为不贫困的范畴。它们之间的区别在于各自与贫困线的差距、贫困持续时间的长短、贫困发生频率等方面有所不同。

正如“持续性”概念所示，贫困的状态是持续发生的，不同于暂时性、随机性或者结构性贫困，持续性贫困时间或者周期较长。一些实证研究表明，如果一个人的一生中有 5 年时间或超过 5 年的时间处于贫困状态，那

① J.b. Fan. Capital and Cultural Capital：Chinese Families' Access to Educational Resources [J] . Sociology Mind，2014，（4）：272–281.

② 赵颖 . 员工下岗、家庭资源与子女教育 [J] . 经济研究，2016，（05）：101–115+129.

③ Hulme D，Shepherd A. Conceptualizing Chronic Poverty [J] . World Development，2003，31（3）：403–423.

么，在其剩下的生命时间里继续处于贫困状态的可能性将会大大增加[①]。从程度上来看，持续性贫困的平均得分普遍低于某一贫困线（见图 2–2），是一种极端贫困或者“赤贫”状态。这一平均得分的来源包括研究对象的物质资本、人力资本和社会资本等，综合得分低说明在这些方面的能力较低、自我发展能力较弱。这部分贫困群体之所以处于持续贫困范畴也正是因为其贫困程度深并难以摆脱贫困，这种极端贫困状态进一步加剧了持续性贫困状态。

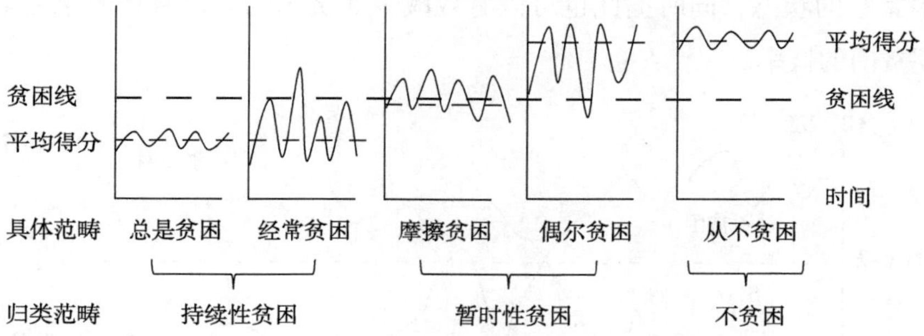

图 2–2　贫困的分类及其图解

资料来源：Hulme D，Moore K，Shepherd A. Chronic poverty：meanings and analytical frameworks，CPRC Working Paper No. 2，CPRC–IIPA Working Paper No. 1［J］. 2001.

持续性贫困产生原因复杂，往往是多种因素的综合反应，受到经济、社会、政治和环境等方面的因素互相影响，不能靠解决其中某一因素而一劳永逸。按照国务院扶贫办的划分，主要致贫原因包括因病、因残、因学、因灾、缺土地、缺水、缺技术、缺劳力、缺资金、交通条件落后、自身发展动力不足和其他等方面。国务院扶贫办最新摸底调查数据显示，我国现行标准下贫困农民中，因病致贫的有 42%；因灾致贫的有 20%；因学致贫的有 10%；因为劳动能力弱致贫的有 8%；其他原因致贫的有 20%[②]。此种划分能够在反映我国贫困地区的自然地理、历史人文特点的基础上，提供直观详细的致贫信息，具有很强的政策指导作用，但是并不能从根本上解释

① 陈全功，李忠斌 . 少数民族地区农户持续性贫困探究［J］. 中国农村观察，2009（5）：39–48.

② 数据截至于 2014 年，资料来源于《国务院扶贫办：五大类原因致贫》，央视新闻，［EB/OL］. http：//m.news.cntv.cn/2015/11/21/ARTI1448082051328733.

致贫深层原因。比如占比较大的因残、因病、因灾致贫，这些需要政策保障和兜底，难以通过经济学的手段实现脱贫。

尽管持续性贫困的范畴包括“总是贫困”和“经常贫困”，但也可用于解释贫困的动态演变过程。以家庭为例，当一个家庭从经常贫困转变为偶尔贫困，可视其为“脱贫”；而当一个家庭从从不贫困转变为总是贫困，可视其为“陷贫”（见图 2-3）。这一动态演变过程为解释陷贫和脱贫提供了理论图示，可以视为慢性贫困政策制定的重要识别手段，从而改善持续性贫困家庭的状态，同时据此也可以有效减少非贫困的、短暂贫困家庭陷入长期贫困的概率。

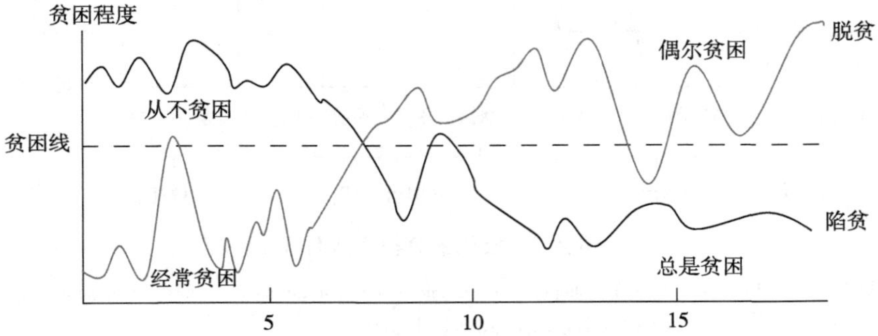

图 2-3　贫困的动态变化：脱贫与陷贫

资料来源：Hulme D，Shepherd A. Conceptualizing Chronic Poverty [J]. World Development，2003，31（3）：403-423.

Shepherd et al（2014）①在《持续性贫困报告 2014—2015：通往零极端贫困的道路》一文中提出了一个消除极端贫困的框架，主要涉及应对持续性贫困（tackling chronic poverty）、停止贫困（stopping impoverishment）和支持脱贫的可持续性（supporting sustainable escapes from poverty）三个方面。Widyanti et al（2010）②利用印尼的数据研究发现，家庭结构的变化（诸如出生、死亡、婚姻、移民等因素）并不是长期贫困的主要原因，但是研究证

① Shepherd A，Scott L，Mariotti C，et al. The Chronic Poverty Report 2014—2015：The Road to Zero Extreme Poverty [J] . Overseas Development Institute，2014：179-184.

② Widyanti W，Suryahadi A，Sumarto S，et al. The Relationship Between Chronic Poverty and Household Dynamics：Evidence from Indonesia [J] . Ssrn Electronic Journal，2010，83（3）：446—456.

明了家庭成员的数量越多，家庭长期贫困的概率越高；而且没有孩子的单身男性比没有孩子的单身女性陷入长期贫困的概率要高。Bird et al（2011）① 利用偏远农村地区（RRAs）的数据，对家庭陷入长期持续性贫困的空间地理资本、人口外迁情况、人口抚养比例以及社会资本等影响因素从微观层面进行了定性研究，发现偏远农村地区的穷人被排除在社会制度之外，拥有较低的资源禀赋和无效的政府深陷长期贫困之中。王萍萍等（2010）② 利用我国农村住户调查数据对我国 2001—2008 年的扶贫开发工作分析发现，我国贫困家庭的家庭规模越大负担越重，文化程度越低贫困持续时间越长，而且处于持续性贫困之中的贫困户外出务工比重明显较低。蔡亚庆等 ③（2016）基于我国浙江、湖北、云南三省的微观农户面板数据的研究发现，随着贫困标准的提高，持续性贫困人口比例出现显著增加，并且在中西部地区在贫困广度和深度上更为明显；增加农户的人力资本和社会资本、减少农户的社会排斥、分散农户的收入风险都将有助于农户脱离长期贫困。

2.3 贫困与教育投资

教育在经济发展中一直发挥着重要的作用，无论是发达国家还是发展中国家，无论是穷国还是富国，在其经济发展过程中都十分重视教育问题。人类的发展史，其实就是贫困的发展史，在这一过程中，教育无论是对于贫困地区还是对贫困人口都有着重要作用。这种重要性，一方面表现为受教育者自身人力资本的提高，另一方面表现为一种潜在的、可持续的发展能力。

2.3.1 教育投资理论

教育作为对人的一项投资，体现为以人为载体的生产、生活等过程中，

① Bird K，Hulme D，Shepherd A，et al. Chronic Poverty and Remote Rural Areas［J］. Ssrn Electronic Journal，2011.

② 王萍萍，闫芳．农村贫困的影响面、持续性和返贫情况［J］. 调研世界，2010（3）：5-6.

③ 蔡亚庆，王晓兵，杨军，等．我国农户贫困持续性及决定因素分析——基于相对和绝对贫困线的再审视［J］. 农业现代化研究，2016，（01）：9-16.

重视教育、投资教育成为社会经济和个人发展的重要方面。从理论层面而言，教育投资理论肇始于古典时期，而真正得以发展则得益于人力资本理论的形成，教育投资与贫困相关联则起源于可行能力理论。本部分从一个历史的、纵向的经济发展史角度说明教育投资之于发展、之于贫困的理论渊源。

2.3.1.1 古典萌芽时期

经济科学的建立之初，主要关注于财富、资本、土地、劳动等方面，此时也已经开始认识到人之劳动在财富创造中的重要作用，如威廉·配第（W. Petty，1662）提出了“土地是财富之母，劳动是财富之父”①，并指出劳动时间是衡量价值的尺度和基础。这一时期经济学家虽然认识到人之劳动的重要性，但是此阶段教育在经济社会发展中的作用并不十分明显。

最早把教育视作一种投资行为的是亚当·斯密（A. Smith，1976）。斯密认为，劳动者掌握技术、学习才能，“须受教育，须进学校，须做学徒，所费不少”②，但是“这样费去的资本已经实现并且固着在他的人格上”，劳动者在所费去的资本通过在生产过程中的便利劳动以及由此节省的时间同样可以看做是社会的固定成本，并且学习的花费“可以偿还，而兼取利润③”。斯密进一步指出：“可以把一个花费许多劳动和时间去接受教育，以便从事一种要求有特殊技巧和技术的职业的人，与这种昂贵的机器相比较。人们也必然会期待，他所学习的将来要去从事的工作的工资，要超过一般劳动的普通工资，才能补偿他所受教育的全部支出，至少还要带来同等价值的资本所带来的一般利润。”④可以看出，教育投资不仅可以给个人带来利润，而且这种预期可得的利润是在补偿成本的同时优于未受教育者。斯密把劳动者才能的获得看作是投资的结果，并且这种投资对个人和社会是可以带来利润的，这为之后教育投资理论奠定了基础。

在批判地继承古典经济学家劳动价值理论的基础上，马克思（K.H.

---

① 威廉·配第.赋税论，献给英明人士，货币略论［M］.陈冬野，等译.北京：商务印书馆，1972：71.
② 亚当·斯密.国富论［M］.郭大力，译.南京：译林出版社，2011：244.
③ 亚当·斯密.国富论［M］.郭大力，译.南京：译林出版社，2011：244.
④ 亚当·斯密.国富论［M］.郭大力，译.南京：译林出版社，2011：89.

Marx，1867）论证了劳动二重性和商品二因素，区分了具体劳动和抽象劳动、简单劳动和复杂劳动，并指出“比社会平均劳动较高级较复杂的劳动是这样一种劳动力的表现，这种劳动力比普通劳动力需要较高的教育费用，它的生产要花费较多的劳动时间，因此它具有较高的价值。①”马克思的这种教育观点立足于实现人的全面发展，他曾就未来教育论述到：“未来教育对所有已满一定年龄的儿童来说，就是生产劳动同智育和体育相结合，它不仅是提高社会生产的一种方法，而且是造就全面发展的人的唯一方法。”由此看来，教育有助于实现人的全面发展，有助于劳动价值的形成，需要进行较高的投资。

边际革命之后，马歇尔（A. Marshall，1890）在均衡的基础之上，讨论了劳动、资本、土地和企业家才能四要素的关系，其中一个典型的特点就是，在经济生产的要素中加上了“教育”因素。他认为：“教育能刺激工人的智力活动，并使他们养成善于研究的习惯，使他们在日常工作中更聪明、更敏捷、更可靠，能够提高他们在工作时间内和工作时间外的生活品质。因此，教育是生产物质财富的一个重要手段。”② 他还将教育分为三种：普通教育（培养人的一般能力，包括职业敏锐性、精力和学习能力）、技术教育（培养人的专业操作能力）、选择性教育（培养人的专门知识和技能），并在此基础上提出了“教育作为国家投资”的观点，认为“用于人的教育的投资，是最有效的投资”，“在所有资本之中，最有价值的就是对人投资而形成的资本”③。教育作为对人的投资的观点得到进一步强化，通过教育可以提高劳动者对某一类职业的熟练技术和知识能力，从而实现劳动生产率的进步和社会经济的发展。

以上可视为教育投资理论的思想萌芽，这一时期将教育作为一种纯消费性行为，尚未能与经济增长有机联系；将劳动与资本同质的观点，未能凸显教育的重要作用；虽将教育纳入经济学分析范式，但仍缺乏计量分析手段，由此导致很长时间内教育投资理论并未得到重视。

---

① 马克思 . 资本论（第 1 卷）[M] . 郭大力，等译 . 北京：人民出版社，1975：223.

② 马歇尔 . 经济学原理 [M] . 廉运杰，译 . 北京：华夏出版社，2012：183–184.

③ 马歇尔 . 经济学原理 [M] . 廉运杰，译 . 北京：华夏出版社，2012：187.

2.3.1.2 教育与经济增长理论

经济学家认为教育是国家长期发展的核心因素，教育传递了知识和能力，使一个国家的民众能够产生并采用一些新思想，激发创新和技术进步，从而确保经济长期增长。经济学的许多模型也将教育因素纳入其中，强调教育对经济增长的影响机制，总体来说有三类模型：扩展的新古典增长理论、内生增长理论和技术扩散理论。

最直接的建模遵循总量生产函数的标准特性，其中宏观经济产出是经济体中资本和劳动力（而不是人力资本）的直接函数，由此产生了索洛模型。索洛模型又称作新古典经济增长模型、外生经济增长模型，是在新古典经济学框架内的经济增长模型，是 Solow 于 1956 年首次创立的，用来说明储蓄、资本积累和经济增长之间的关系。索洛模型描述了一个完全竞争的经济、资本和劳动投入的增长引起产出的增长，而新古典生产函数决定了在劳动供给不变时，资本的边际产出递减。这一生产函数与储蓄率不变，人口增长率不变，技术进步不变的假设结合，形成了一个完整的一般动态均衡模型。索洛模型强调资源的稀缺性，强调单纯物质资本积累带来的增长极限，在人口增长率不变和技术进步不变条件下的稳态零增长正是这一思想的体现。

由曼昆、罗默和韦尔（Mankiw，RomerandWei1，1992）提出的扩展的新古典增长理论，将人力资本因素纳入分析之中，强调教育作为一种生产要素的作用。教育能够积累，从而提升劳动力的人力资本，进而提高总收入的稳态水平。经济增长的人力资本构成来自更多教育的积累，这意味着经济之所以会从一个稳态水平变到另一个，是因为生产中增加了投入。一旦到了新的水平，教育就对经济增长没有更多影响了。估计新古典增长模型的常用方法主要关注收入水平，并且将工人人均 GDP 的变化与教育（和资本）的变化联系起来。这一观点意味着人力资本的作用有限，因为一个社会能够投入的学校教育数量是天然约束的。

随后又出现了内生增长理论，这一研究部分建立在熊彼特较早的研究之上，即增长最终是由创新驱动的。在这一思想流派中，许多研究人员——代表人物包括卢卡斯（1988）、罗默（1990a）、阿吉翁和霍依特

（Aghion and Howitt，1998）——都强调，人力资本通过带来新思想和新技术，对提高经济体的创新能力发挥了重要作用。这一模型说明，给定的教育水平能够产生源源不断的新思潮，因此即使没有更多教育资源进入经济体中，教育也可能影响长期增长速度。

关于人力资本在生产和增长中的作用，最后一个观点集中在技术扩散上。如果新技术能够提高企业生产率，各国可以通过更广泛地采用新技术而实现增长。有纳尔逊和菲利普斯（Nelon and Phelps，1966）、韦尔奇（Welch，1970）、贝哈鲍尔和斯皮格尔（Benhabib and Spiegel，2005）等人所建立的技术扩散理论，强调教育对知识扩散的影响力，而知识扩散是使用新技术的必要条件。

2.3.1.3 人力资本理论

舒尔茨在1960年美国经济学年会上“人力资本投资”的演讲被视为现代人力资本理论的形成标志。他指出：“人们获得了有用的技能和知识，……这些技能和知识是一种资本形态，这种资本在很大程度上是慎重投资的结果，在西方社会这种资本的增长远比传统资本（物质资本）要快得多。”[①]他主张“教育是人的不可分割的一部分，因此它既不能进行买卖，也不能当作财产来看待，但是，假如他能够提供一种有经济价值的生产性服务，它就成了一种资本。”[②]在此基础上，他明确阐述了人力资本的概念与性质、人力资本投资的内容和途径，以及人力资本在经济增长和个人收入增加中的关键作用等问题。尤为重要的是，舒尔茨将人力资本理论与研究发展中国家的农业现代化问题和缓解贫困问题结合起来。他认为，提高人力资本投资是实现农业现代化的重要途径（《改造传统农业》，1964）。20世纪70年代，舒尔茨将人力资本论运用于研究发展中国家的经济发展和解决人民的贫困问题上来，他指出，“改善穷人福利的关键不是空间、能源和耕地，而是提高人口质量，提高其知识水平。[③]”。

---

① 西奥多·W·舒尔茨．人力资本投资：教育和研究的作用［M］．蒋斌，等译．北京：商务印书馆，1990：22.

② 西奥多·W·舒尔茨．论人力资本投资［M］．吴珠华，等译．北京：北京经济学院出版社，1990：68.

③ 西奥多·W·舒尔茨．论人力资本投资［M］．吴珠华，等译．北京：北京经济学院出版社，1990：40。

之后贝克尔（Gary S. Becker）采用标准的新古典主义方法，从微观角度将教育和工资收入纳入一般均衡分析，不仅证明了教育投资与个人收入的正相关关系，而且给出了人力资本投资的均衡模型。贝克尔还将家庭视为一个生产单位，家庭中父母对子女的养育过程就是一个人力资本投资过程，也就构成一个以家庭为单位的生产-效用生产过程。在此过程中，随着家庭收入水平的提高在孩子身上的人力资本投资就会增加，并且其教育收益率会不断提高。明瑟尔（J. Mincer）[①]从个人收入分配和劳动经济问题的角度研究了人力资本。第一，建立了人力资本投资收益率模型，为个人收入分配与人力资本理论框架奠定了基础；第二，提出了人力资本的工资挣得函数，即随着年龄变化工资收入移动轨迹；第三，将人力资本理论与分析方法运用于劳动力市场行为和家庭决策。

得益于人力资本理论的形成和发展，传统依赖物质资本和人口增长解释的困惑在新的研究范式下被不断改进和证明，如卢卡斯方法、MRW 模型等都通过引入人力资本变量对国家或地区的经济增长进行了解释，Mincer 函数对个人的教育和收入情况进行了微观说明。

2.3.1.4 可行能力理论

传统的贫困概念总是与收入划归等同，对贫困单一维度的研究著述颇多，这种研究相对简单直观，但是却忽略了贫困的其他方面。狭隘的发展观可以理解为 GDP 增长、个人收入提高、工业化、技术进步等，以此发展观为基础的收入维度的贫困可以成立。阿玛蒂亚·森（Amartya Sen，1999）认为发展应该被看做是“扩展人们享有真实自由的一个过程”，“实质自由包括免受困苦——诸如饥饿、营养不良、可避免的疾病、过早死亡之类——基本的可行能力，以及能够识字算数、享受政治参与等等的自由。”[②]

从这一角度出发，贫困的维度还包括了除收入以外的教育、健康、生活条件等。其中教育作为一个重要维度，“可以使一个人在商品生产中效率更高，这可以增加这个经济体所生产的价值，以及受过教育的这个人的

① 与舒尔茨、贝克尔相比，明瑟尔较晚被引入我国学术界。

② 阿玛蒂亚·森．以自由看待发展［M］．刘民权，译．北京：中国人民大学出版社，2013：30。

收入。但是即使收入水平不变，一个人还是可以从教育中得益——在阅读、交流、辩论方面，在以更知情的方式做出选择方面，在得到别人认真对待方面，等等。[①]”教育作为一项重要的可行能力，为个人发展和享有自由提供了持续动力，它不仅是从多维视角来诠释贫困的需要，更是个人实现全面发展的需要。

2.3.2 教育收益与脱贫

无论是对于个人还是社会，教育之所以有意义很大程度上在于其具有正的收益。正是由于具有促进经济增长、能给社会带来收益的特点，教育成为个人取得更高收入、改变经济地位的重要手段。

2.3.2.1 家庭的教育投资

不同的家庭面临不同的条件、具有不同的特征，会选择不同的教育形式，产生不同的教育效果。尤其对贫困家庭而言，其自身在物质资本、人力资本、社会资本等方面的稀缺与匮乏，导致其在教育投资和教育收益方面处于劣势。无论是农村还是城镇，家庭方面对教育的支持对教育的贡献明显[②]，其中家庭经济状况、父母教育程度成为影响父母对子女教育投资的重要因素。

根据家庭经济状况不同，大致可以分为高收入、中等收入、低收入等组别，贫困家庭一般属于低收入群体，也就是说其家庭收入水平低。Brown&Park[③]的研究发现，生活在贫困家庭的子女的辍学率要高出三倍。张学敏和何酉宁[④]的调查分析表明，农村家庭限于家庭经济状况、子女毕业后找不到工作的风险等因素，不少家庭被迫做出了无奈的选择，即在子女初中毕业后即放弃高中教育的机会。龚继红和钟涨宝的研究发现，“在家庭人均纯收入为3000元以下的水平状况下，家庭经济状况并不直接对家庭教

---

① 阿玛蒂亚·森.以自由看待发展［M］.刘民权，译.北京：中国人民大学出版社，2013：292-294。

② 孙婉然，孙婉钧.城乡高等教育入学机会差异模型构建及应用——基于高中阶段城乡教育投入对高等教育贡献的对比研究［J］.教育：文摘版，2016（8）：00142-00143.

③ Brown P H，Park A. Education and poverty in rural China［J］. Economics of Education Review，2002，21（6）：523-541.

④ 张学敏，何酉宁.受教育程度对居民消费影响研究［J］.教育与经济，2006（3）：1-5.

育投资力度产生明显影响；只有当家庭经济状况达到相当水平（年人均纯收入达到3000元及以上）时，家庭教育投资水平才会有明显提高”①。孙昂和姚洋指出，“贫困家庭中一旦劳动力受到大病冲击，自身的健康状况下降，就会减少对子女的教育人力资本投资，从而降低了子女未来的期望收入，导致了整个家庭在未来时期平均收入水平的下降”②。周亚虹等人通过研究职业教育对农村家庭收入的影响发现，“基于个体是否接受职业教育存在自选性的事实，职业教育对于农村家庭收入有着显著的作用，平均回报率约为27%（年平均回报率9%），与国际上10%的年平均回报率基本一致”③。栾江等人对甘肃、陕西两个西部省份农户抽样数据的分析表明，“中等职业教育参与者的处理效应和非参与者的处理效应均高于高中教育参与者相应效应的水平，说明中等职业教育更有利于提高农村劳动者的非农收入水平；无论是中等职业教育还是高中教育，非参与者的处理效应普遍高于参与者的处理效应，这在一定程度上说明，西部农村地区教育资源没有得到最优配置”④。由此可见，贫困家庭虽然进行教育投资但是面临较高的失学率和辍学率，虽然进行教育投资但是贫困家庭收入的提高却有一个门槛，虽然选择进行了职业教育但是却未能实现教育资源的最优配置。

在做出对子女教育投资决策时，父母的教育程度也是重要因素。父母所受的教育，特别是父母对子女的受教育期望，对子女的教育投资产生很大影响。Sewell 和 Shah（1968）认为父母的教育程度对于子女的教育期望的不同的，由此产生的教育影响和取得的教育效果也是不同的⑤；Di. et al（1995）研究发现，几乎所有完成高中教育的受访者，其父母都是接受高等

① 龚继红，钟涨宝．农村家庭收入对农村家庭教育投资行为的影响——基于湖北省随州市农村家庭的调查［J］．统计与决策，2005（18）：72–74.

② 孙昂，姚洋．劳动力的大病对家庭教育投资行为的影响——中国农村的研究［J］．世界经济文汇，2006（1）：26–36.

③ 周亚虹，许玲丽，夏正青．从农村职业教育看人力资本对农村家庭的贡献——基于苏北农村家庭微观数据的实证分析［J］．经济研究，2010（8）：55–65.

④ 栾江，陈建成，李强，等．高中教育还是中等职业教育更有利于增加西部地区农村劳动力非农收入？——基于异质性的处理效应估计［J］．中国农村经济，2014（9）：32–45.

⑤ Sewell W H，Shah V P. Parents' education and children's educational aspirations and achievements［J］. American Sociological Review，1968，33（33）：191–209.

教育的，而近三分之二的高中辍学者的父母却只有高中学历[①]；Ermisch 和 Pronzato（2010）研究发现受教育程度较高的父母，能为子女提供更多的教育资源和机会[②]。从我国现有研究来看，孙志军（2011）利用2005年全国1%人口抽样调查数据和县级教育支出数据，依据个体教育水平决定模型的回归分析发现，父亲教育水平、收入和职业阶层地位高，属于城镇户口的儿童，接受高中阶段教育的可能性更大[③]。

此外，家庭结构、父母职业以及子女自身的特征也会影响家庭教育投资情况。比如 Ermisch 和 Francesconi（2001）的研究发现，单亲家庭对子女的教育投资要低于双亲家庭[④]。Hung - Lin（2006）对于高等教育需求的研究发现，子女教育投资成效高低不仅与其自身能力有关，而且与子女所上的学校有关，学校的教学质量越高、受教育年限越长，子女的人力资本增加也越快[⑤]。Flannery 和 O' Donoghue（2013）在考虑个体异质性和嵌套模式的情形下，通过模拟生命周期收入分析了微观个体对于高等教育的需求，结果发现个人预期对教育需求和投入有很大波动，而政策方面的金融援助会增加高等教育的参与。[⑥]

2.3.2.2 教育的收益

从目前的研究来看一般采用“教育收益”来衡量和探究教育活动的价值和意义，考虑在进行经济学方面研究时，很难衡量教育“非经济”上的收益，因此一般只研究教育的经济收益，采用的指标是“教育收益率”。Schultz（1990）说过，“由于教育是一种人力资本投资，因此在制定计划和

---

① Di D A，Cafaro V，Romeo I，et al. Hints on the evolutionary design of a dimeric RNase with special bioactions. [J]. Protein Science，1995，4（8）：1470-1477.

② Ermisch J，Pronzato C. Causal Effects of Parents' Education on Children's Education [J]. Child Working Papers，2010.

③ 孙志军. 家庭背景、公共教育支出与高中阶段教育入学机会 [J]. 中国人民大学教育学刊，2011（1）：149-161.

④ Ermisch J，Francesconi M. Family Matters：Impacts of Family Background on Educational Attainments [J]. Economica，2001，68（270）：137-156.

⑤ Hung - Lin Tao. The Demand for Higher Education and a Test of the Extreme Screening Hypothesis [J]. Education Economics，2006，14（1）：75-88.

⑥ Flannery D，O' Donoghue C. The demand for higher education：A static structural approach accounting for individual heterogeneity and nesting patterns [J]. Economics of Education Review，2013，34（34）：243-257.

筹措资金方面的关键经济概念应当是投资的收益率。[①]”他认为，对于学生进行教育投资所获得的收益率，至少应达到如果不用于教育而用于其他投资机会的私人收益率。只有在这种情况下，有效率的学生私人投资才有可能促使其产生接受教育的愿望，并保证他得到那些有可能有其他人获得的收益。Becker（1987）也指出，“唯一决定人力资本投资量的最重要因素可能是这种投资的有利性或收益率。[②]”

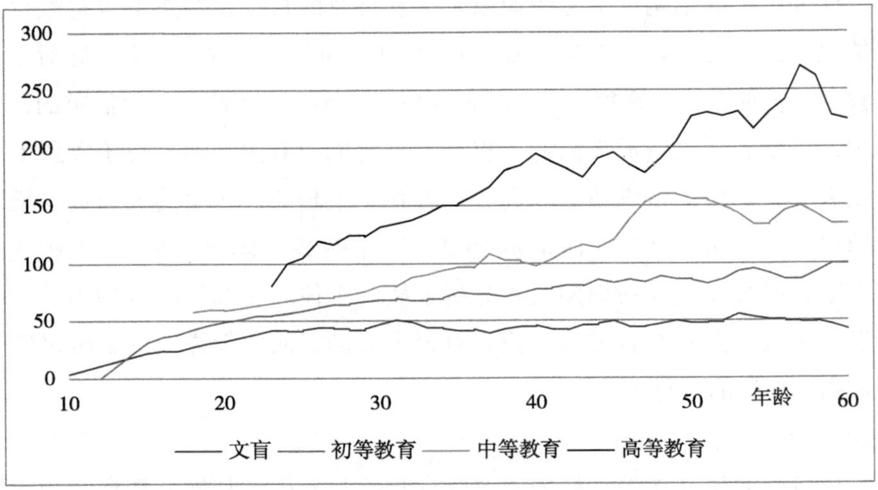

图 2-4　不同教育程度各年龄段的收入情况

资料来源：George Psacharopoulos，The Profitability of Investment in Education：Concepts and Methods，第 20 页。HCO. Working Papers，1995（11）. HCOWP 63.

国外学者对教育收益的研究。Psacharopoulos（1995）给出了不同教育程度各年龄段的收入分布情况（见图 2-4），随着教育水平的提高其收入水平也在相应提高。Psacharopoulos 等人（2015）[③]的近期研究表明，无论是个人收益率还是社会收益率，在各教育层次中，初等教育的收益率最高；个

① 西奥多·W·舒尔茨著.论人力资本投资［M］.吴珠华，等译.北京：北京经济学院出版社，1990：99.

② 加里·S·贝克尔著.人力资本：特别是关于教育的理论与经验分析［M］.梁小民，译.北京：北京大学出版社，1987：42.

③ George Psacharopoulos，Harry Anthony Patrinos. Returns to investment in education：a further update［J］. Policy Research Working Paper，2015，12（2）：111-134.

人收益率高于相对应的社会收益率，尤其在大学层次，这种差距在穷国的高等教育阶段最大；世界平均水平的教育收益率都高于10%，发展中国家教育收益率高于相应的发达国家教育收益率。比较发现，OECD国家和欧洲、中东、北非国家社会收益率低于10%，而其余发展中国家或者穷国的教育收益率明显的大于10%。其他学者的研究结果大多与此一直。有些学者采用了不同的方法在测量结果上会有所不同，如Martin和Pereira（2004）运用分位回归的方法，结合美国和欧洲部分国家20世纪90年代中期的数据发现，工资条件分布的高收入人群的教育收益率要高于低收入人群①。

有关中国农村地区教育收益的研究始于20世纪80年代中期，迄今已取得了一定数量的成果，其中主要是通过计算"教育收益率"来解释教育对于收入的影响效应。从计算结果看，"在城镇地区，最低的值为0.75%（邵利玲，1994），最高值为11.5%（Zhang等，2002），应用1995年以前数据的绝大部分研究计算的收益率在6%以下；在农村，最低值为0.7%（Li等，2002），最高值为6.4%（Baruw等，2002），绝大部分研究的收益率在5%以下"②，"1988-1996年间，中国农村的教育收益率有了显著的增加，增幅达4个百分点以上"③（赵立涛，2006）。此外，研究发现教育对提高农民非农收入的作用要大于对农业收入的作用④（卫龙宝，2012）。农村教育收益率虽然较低，但是对于提高农民收入、促进经济增长具有积极作用。

随着城乡差距扩大，从收入分配的角度分析教育收益问题成为近年来的热点。Rehme（2002）⑤认为人力资本的块状分布和公共国民教育共同影响增长和收入不平等。发展高技能人才的政策或教育部门所产生的作用对长

① Martins P S，Pereira P T. Does education reduce wage inequality? Quantile regression evidence from 16 countries［J］. Labour Economics，2004，11（3）：355-371.

② 孙志军. 中国教育个人收益率研究：一个文献综述及其政策含义［J］. 中国人口科学，2004，05：67-74+82.

③ 赵力涛. 中国农村的教育收益率研究［J］. 中国社会科学，2006，（03）：98-109+206.

④ 卫龙宝，施晟，刘志斌. 中国农村教育的收益率与外溢性分析［J］. 浙江大学学报（人文社会科学版），2012，（06）：27-35.

⑤ Rehme，G. Education，Economic Growth and Personal Income Inequality Across Countries. Luxembourg Income Study Working Paper，2002，No.300.

期增长和收入平等有着积极作用。Brown（2002）① 进一步研究了财富（人均支出）和信贷约束的影响之间的区别，结果显示前者提高了学习，而后者则降低了教育投资。Rehme（2007）②研究了教育与收入分配不均等和经济增长之间的关系。其研究结果显示：教育直接影响收入不均等和增长，教育对经济增长的影响随受教育年限的增加而先增加后减少。国内学者研究发现，教育不平等与收入分配差距并非简单线性关系（杨俊等，2008），随着个人收入水平的上升，农村居民个人的教育收益率呈“倒 U 型”变化（孙志军，2012；黄斌等，2014③）。教育通过人力资本传导机制与收入分配之间发生联系，但其不会自发形成“教育平等←→收入平等”的良性循环。长期内教育不平等的降低并没有改善收入不平等，但收入不平等在当期会加剧教育不平等程度”④（崔荃，2010；邓峰等，2013；邸玉娜，2014）。

通过以上文献综述可以发现：个人收入随着受教育程度的提高而提高，初等教育的收益率高于其他阶段的收益率；我国农村居民教育收益率较城镇居民要低并且城乡差距在逐步扩大。当然在研究过程中受到变量选取、估计方法等的差异，研究结果会有所不同，这些研究结果为下一步的研究提供了重要参考。

2.3.2.3 教育的脱贫效应

对现有的文献进行梳理发现，教育的脱贫效应主要表现在以下四个方面：

第一，改革开放后，教育对农业生产生活产生了积极的影响。有关我国农村地区教育投入与回报的研究表明，教育在改革开放之后对农业生产有正的影响（Li，1999；Knight，2006）。陈玉宇、邢春冰（2004）⑤ 用

---

① Brown P H，Park A. Education and poverty in rural China［J］. Economics of Education Review，2002，21（6）：523-541.

② Gunther Rehme. Education，Economic Growth and Measured Income Inequality［J］. Economica，2007，（74）：493- 514.

③ 黄斌，高蒙蒙，查晨婷 . 中国农村地区教育收益与收入差异［J］. 中国农村经济，2014，（11）：28-38.

④ 崔荃 . 家庭背景、教育资源配置与收入分配差距［D］. 复旦大学，2010.

⑤ 陈玉宇，邢春冰 . 农村工业化以及人力资本在农村劳动力市场中的角色［J］. 经济研究，2004，（08）：105-116.

Heckman 模型估计教育显著提高了农村劳动力到工业部门工作的机会，由此带来的回报在 5%–7%。同时教育还提高了人们到高工资部门工作的机会，改善了人们的工作方式。韩晶等（2011）[①] 的实证分析表明，教育对落后经济水平的贡献要大于对发达经济水平的贡献。教育通过提高农民的文化程度和技能水平，增强了农民的劳动生产率，改善了生活和生产条件，为其子女提供了基本的物质条件和精神条件，提高了子女接受教育的机会。尹飞霄、罗良清（2013）[②] 运用FGT 指数，对1982—2010 年我国教育贫困进行测度、因素分解和模拟分析，结果表明：我国教育贫困各指标下降明显，但下降的幅度和速率各不相同，教育发展和教育资源分配都能缓解教育贫困，教育贫困的缓解可以促进农业生产生活的发展。

第二，教育提高了农村居民的非农收入，特别是以“农民工”为代表的农村剩余劳动力带来的非农收入的增长。研究表明，人力资本中的教育年限、培训、工龄等变量对农民工工资和工作有显著的正向影响（刘林平，2007；汪三贵等，2010；钱文荣等，2012）。这在一定程度上说明了教育对农村居民提高收入的重要意义。取得非农收入的这部分群体跨出贫困陷阱的循环，在实现自我贫困突破的同时，也为其子女积累新的思想和新的财富。

第三，教育对于破除贫困代际传递具有重要的积极作用，而且教育对于脱贫的影响是通过代际传递关系累积实现的。研究显示，教育是打破阶层固化的重要途径，父代的职业、教育水平、收入情况对子女的教育收益率存在显著影响（陈琳等，2012；张立冬，2013；邸玉娜，2014）。上一代的教育投入直接影响下一代子女的教育决策行为，农村地区、贫困地区要想突破贫困陷阱，必须阻断贫困代际传递，所以，教育需要通过人力资本的代际积累，从而实现经济增长和减贫脱贫的作用。

第四，教育对于缩小收入不平等有着重要的积极作用，贫困阶层一般位于收入分配的最底层，贫困的减少在一定意义上就是缩小收入分配

---

① 韩晶，杜亚敏，宋涛 . 农村教育对农村经济影响的实证研究［J］. 中国延安干部学院学报，2011，（03）：124–128.

② 尹飞霄，罗良清 . 中国教育贫困测度及模拟分析：1982—2010［J］. 西北人口，2013，（01）：30–35.

差距。研究表明，随着平均受教育程度的增加，收入不平等程度会下降（Psacharopoulos & Layard，1976；Chiswick，1983），而且教育对于中低收入群体体现出比高收入群体更高的回报率，起到了缩小收入差距的作用（杨俊等，2008；孙百才，2009，2014；张凯宁，2014）。经济增长的过程中，收入分配问题已成为影响教育是否实现脱贫一个关键因素，通过教育提高贫困家庭、贫困人口的收入水平，缩小收入差距，才能顺利脱贫、真正脱贫。

2.4 小结

2.4.1 贫困研究范式的转变

贫困问题虽然受到国内外学者的关注，也做了相关的研究，但是贫困的研究仍然出于探索阶段，尤其是扶贫脱贫领域作为一项实践性较强的概念，在理论建树方面仍显不足。通过以上的文献梳理可以发现，贫困涵盖的范围极其广泛，涉及政治学、社会学、管理学、生理学等领域，但如果将贫困视为一个发展问题，则可以归为发展经济学的范畴。就经济学领域的研究来看，传统的贫困概念和范畴相对狭隘，仅从物质生活角度，通过收入来衡量，也在一定时期内适应了传统经济学的研究范式。随着社会经济以及学科理论的发展，贫困问题本身变得越来越复杂，相应的研究范式也在不断的完善。从目前的研究情况来看，贫困问题逐渐从物质层面的客观审视到容纳主观感受、从一种静止状态到视为一个动态过程、从单一维度扩展到多维视野。贫困的微观化或者说主观化更加强调贫困主体的经济行为，贫困的动态化更加强调较长时期内贫困状态的变化情况，贫困的多维化强调从更加多元的视角来识别贫困并指出更具针对性的脱贫路径。

随着扶贫脱贫实践经验的积累和完善，为贫困的理论研究提供了充足的案例和模式，为贫困的范式转变提供了更广阔的探索空间。综观贫困研究的不同领域、不同内容，教育脱贫在聚焦个体性、主体性、多元性、动态性等方面表现最为突出，一方面教育与传统的收入贫困研究有着直接且重要的关系，教育贫困不仅是收入水平低下的反应，收入水平低还会反过来导致教育贫困；另一方面教育作为一种人力资本投资其主体附着性和脱贫效果最强。这种研究范式的转变为贫困研究提供了详细的图示，本书试图在此范式下对当前教育精准扶贫精准脱贫进行系统分析和研究。

2.4.2 发展扶贫到精准扶贫

消除贫困在某种程度上就是解决发展的问题。纵观新中国成立以来的发展历程其实就是一个消除贫困、摆脱贫困的过程。无论贫困以何种方式衡量，中国的扶贫脱贫成绩都是有目共睹的。现有的研究表明，自新中国成立以来的大规模扶贫减贫的主要推动力量是中国经济增长，特别是农业和农村经济的持续增长，而农业和农村的经济增长又是在一系列的改革开放措施、持续的人力和物质资本积累和不断的技术进步下取得的（汪三贵，2008；段应碧，2009；张琦，2016；黄承伟，2016）。但是随着我国经济步入新常态以及扶贫减贫效应的边际效应递减，我国扶贫脱贫也面临着全新的挑战。特别是在解决普遍贫困、绝对贫困和收入贫困之后，在收入分配不断扩大、城乡差异分化的背景下，我国的贫困问题呈现出更加复杂、更加多元、更加深刻的局面（楚永生，2008；王生云，2011；刘彦随，2016）。

区别于以往的以发展带动扶贫的“大水漫灌”，以精准扶贫为主线的新一轮扶贫攻坚更加强调扶贫的瞄准性、针对性、差异性，已有众多学者围绕精准扶贫展开了论述（邓维杰，2014；汪三贵等，2015；左停等，2015；唐丽霞等，2015），但是现有的研究多是从宏观层面对精准扶贫进行政策解读，或者是结合地方实际进行案例分析。进一步从精准扶贫涉及的领域来看，涉及教育、医疗救助、易地搬迁、社会保障、生态保护等，学者也就不同的领域进行了研究，这为我们理解精准扶贫的内涵提供了研究基础。从现有文献来看对贫困主体的可持续脱贫能力研究尚显不足，从贫困家庭微观个体着手的研究也不多，同时缺乏精准扶贫的理论依据。因此，本研究将在精准扶贫精准脱贫的大背景下，聚焦以家庭为单位的贫困个体，揭示贫困家庭持续性贫困的内在原理。

2.4.3 数据和方法

教育是一项投入大、见效慢的长期工程，对其进行深入分析需要个体最好是延续到下一代的生命历程的具体数据，长期固定样本微观数据可以很好满足这种需要。如 Psacharopoulos（1995，2004）的系统研究中采用了不同教育程度的个人从 10 岁 -60 岁的成本 - 收益情况，并且在其论文的附录中可以看到这些数据，也为后续的研究提供了数据基础和验证依据。但是对于发展中国家来说，这样的数据目前很难获得。我国学术界也在积极努力构建相关数据库，起步比较早且得到学术界广泛认可和应用研究的是中国家庭收入项目（CHIPs）和中国家庭健康调查（CHNS），其中 CHIPs 数据涵盖了 1988—2013 年，CHNS 公布的数据涵盖 1989—2011 年。另一项于 2011 年开展基线调查的中国健康与养老追踪调查（CHARLS）提供了我国中老年人的微观数据，并包含了子女的一些信息。但是这些数据库的样本没有采用追踪研究，每次调查都是随机抽样，在数据匹配上有一定的困难，且在教育方面的数据并不多。就关于教育的数据库，中国教育追踪调查（CEPS）可以为我们的研究提供了一个很好的参考资料，但是这项研究只公布了 2013—2014 学年的基线调查数据，另外这项研究的调查对象是初中在校生及相应的教师、学校等，缺少家庭样本信息。

鉴于本研究的重点是贫困家庭的教育问题，在数据选择上一方面要考虑数据的针对性，另一方面要考虑数据的延续性、实效性，我们综合运用了国务院扶贫办贫困户“建档立卡”的基本信息和中国家庭追踪调查（CFPS）数据。国务院扶贫办贫困户“建档立卡”的数据提供的贫困家庭信息可以为我们客观的描述我国教育脱贫的基本情况，CFPS 目前公布的 2010—2016 年数据为我们提供一个贫困家庭教育发展的动态描述。

第三章

我国教育脱贫历程：沧桑巨变

教育公平是社会公平的重要基础，要不断促进教育发展成果更多更公平惠及全体人民，以教育公平促进社会公平正义。要加强对基础教育的支持力度，办好学前教育，均衡发展九年义务教育，基本普及高中阶段教育。要优化教育资源配置，逐步缩小区域、城乡、校际差距，特别是要加大对革命老区、民族地区、边远地区、贫困地区基础教育的投入力度，保障贫困地区办学经费，健全家庭困难学生资助体系。要推进教育精准脱贫，重点帮助贫困人口子女接受教育，阻断贫困代际传递，让每一个孩子都对自己有信心、对未来有希望。

——习近平在北京市八一学校考察时的讲话
2016 年 9 月 9 日

贫困地区的教育问题是学术界研究的热点问题，也是政府各部门重点关注的关键问题。教育脱贫主要是指“针对贫困地区的贫困人口进行教育投入和教育资助服务，使贫困人口掌握脱贫致富的知识和技能，通过提高贫困人口的科学文化素质以促进经济和文化发展，并最终摆脱贫困的一种方式”①。我国的教育脱贫不仅经历了社会经济体制变革，探索了“扶教育之贫”到“依靠教育脱贫”的路径，更经历了全面普及和提高教育水平到教育精准扶贫的变迁。教育脱贫需要通过各级政府与全社会的大力扶持及贫困地区贫困人口的积极参与，才能促进贫困地区教育的全面发展，才能实现贫困地区、贫困人口的全面脱贫。目前我国教育脱贫面临新形势，需要客观审视分析才能积极应对。

3.1 教育的反贫困功能

我国在改革开放后经济快速增长以及由此带来的大规模减贫，在很大程度上得益于国家在教育领域的投入②。虽然起步于落后的经济社会基础，我国仍然在扶贫开发的过程中不遗余力地关注教育，实现基础教育的普遍覆盖以及完成全国扫盲工作，不仅大幅度减少了劳动力人口中的文盲比例，更为我国扶贫减贫提供了人力资本积累。教育脱贫也因其特殊的历史定位，担负起扶贫脱贫中的重要角色，主要体现在：第一，教育的本质属性：公平性与益贫性兼顾；第二，教育的特殊功效：内力与外力融合，构建可持续发展源动力；第三，教育的路径和目标：扶贫与脱贫共克，全面建成小康社会底线。

3.1.1 教育的本质属性：公平性与益贫性兼顾

教育作为一项重要的人力资本对经济发展有重要作用，贫困地区的教

① 钟慧笑．教育扶贫是最有效、最直接的精准扶贫——访中国教育学会会长钟秉林［J］．中国民族教育，2016，（05）：22–24。目前对于教育扶贫的定义并不统一，从广义上来说，由于我国教育改革主要是在农村地区、贫困地区开展的，因此在教育领域的举措都会具有一定的扶贫效果，都可以视为教育扶贫。

② 李培林主编．中国扶贫开发报告 2016［M］．北京：社会科学文献出版社，2016：149.

育发展更是兼具公平和扶贫的双重属性。世界银行专家预测，每新增加一年教育对农业产出的影响（农业产出增长百分比）韩国是2%（1974）、秘鲁是3%（1986）、马来西亚是5%（1987）、泰国是3%（1973）[①]。可见，教育是促进经济发展的重要途径。受各种因素的影响，我国虽然一直重视发展教育，但是其发展速度仍滞后于经济增长的速度，东西部地区教育资源与教育水平不平衡现象严重，尤其是教学师资、学生背景、城乡结构以及收入差距等方面更是影响了贫困地区教育公平性，加重了贫困家庭的贫困程度。

按照《关于打赢脱贫攻坚战的决定》的要求，教育脱贫的实现路径是“让贫困家庭子女都能接受公平有质量的教育”，教育公平只是路径和手段，仅仅关注教育公平是不够的。教育公平侧重于区域发展的协调性和教育等级的统一性，但是教育公平不一定能达到当前扶贫减贫的目的。现阶段所强调的教育脱贫，旨在通过教育的方法和途径，通过发展教育脱贫一批，通过教育公平推动教育脱贫，其落脚点是“扶贫”“脱贫”。因此，需要从公平性和益贫性的双重视角对我国当前的扶贫脱贫工作进行调整与重构，充分挖掘和认识教育脱贫的重要作用和价值。教育作为一项重要的人力资本对经济发展有重要作用，贫困地区的教育发展更是兼具公平和扶贫的双重责任。

3.1.2 教育的特殊功效：内力与外力融合，构建可持续发展源动力

教育不仅是一项权利，还是对人们可持续发展能力的一种投资，因此教育对于扶贫脱贫具有特殊功效，一方面表现在外在的、直接的功效，另一方面表现在内隐的、潜在的功效。前者强调的是教育对于贫困人口的脱贫的直接的效果，比如现阶段实施的“雨露计划”职业培训、“两后生”技能培训，通过短期培训让贫困对象掌握一两门技术，并帮其解决就业问题；后者则强调扶贫必扶智，从根本上对贫困对象进行综合素质的提高，通过授之以“渔”将教育投入转化为贫困对象自身的可持续发展能力。

① 黄金辉等著．中国西部农村人力资本投资与农民增收问题研究［M］．成都：西南财经大学出版社，2005：94.

总结中国扶贫脱贫过程中的一个不足，即扶贫开发中总存在着一种被动式、给予式、输血式的外源拉动模式。事实上，对全国建档立卡贫困人口分析表明，90%贫困人口为初中以下学历，其中小学、半文盲、文盲的比例超过50%，在扶贫脱贫过程中，这部分贫困对象只能参与相关产业链条的末端，丧失话语权和主导权。历史经验显示，单纯地依靠外力会导致国家财政资源的浪费、贫困县摘帽难、贫困户等靠要思想严重等现象。如何来实现可持续性的扶贫脱贫，中国扶贫脱贫成功探索结果表明，贫困地区、贫困人口的发展最终仍然取决于其经济发展内生动力的优劣和强弱。教育脱贫虽然不会立竿见影，但却是最有生命力、最具可持续性的脱贫方式，是阻断贫困代际传递的根本性扶贫，也是摆脱贫困的治本之策。教育的缺失其实是“能力剥夺的贫困”，是比收入贫困更深层的贫困，它会引发“贫困的代际传递”[①]。为了有效缓解脱贫攻坚过程中的难题，必须从贫困内源出发，激发贫困主体的内生动力，形成可持续发展动力，发挥教育在扶贫开发中关键性作用。授之以鱼不如授之以渔，需要把“外部推动”和“内生动力”有效结合，实现“输血”式扶贫向“造血”式扶贫的转变，充分释放扶贫脱贫的内原动力，实现个人的长效性、可持续性发展。

3.1.3 教育的路径目标：扶贫与脱贫共克，全面建成小康社会

贫困地区教育投入不足或者教育发展滞后将会直接导致贫困代际传递的恶性循环，影响我国全面建成小康社会的进程。习近平总书记在给“国培计划（2014）”北师大贵州研修班回信中指出：“扶贫必扶智。让贫困地区的孩子们接受良好教育，是扶贫开发的重要任务，也是阻断贫困代际传递的重要途径。”[②]联合国教科文组织研究表明，不同层次受教育者提高劳动生产率的水平不同，“本科300%、初高中108%、小学43%，人均受教育年限与人均GDP的相关系数为0.562”[③]，所以需要充分发挥教育脱贫的人才、

① 柴葳．教育是最根本的精准扶贫［N］．中国教育报，2016-03-03（001）．

② 习近平给“国培计划（二〇一四）”北师大贵州研修班参训教师回信［N］．人民日报，2015-09-10（001）．

③ 刘传铁．教育是最根本的精准扶贫［N］．人民日报，2016-01-27（05）．

智力、科技、信息优势，提高贫困家庭脱贫能力，遏制贫困代际传递，为提高贫困地区扶贫脱贫效率提供智力支持，为精准扶贫、全面小康注入强大正能量。

我国要实现到2020年全面建成小康社会的目标，决不让一个人掉队，要求消除贫困，使现有贫困人口全部脱贫，拒绝返贫，并且阻断贫困代际传递。从目前的形势来看，发展教育脱贫是阻断贫困代际传递的关键路径，是缓解返贫的关键手段，更是实现贫困人口全部脱贫的重要方式，是全面建成小康社会的必要条件和有力保障。当前教育脱贫不仅仅是扶贫，更重要是的要以全面建成小康社会为目标实现贫困人口的脱贫，只有实现贫困地区、贫困人口的脱贫才能顺利实现我国全面建成小康社会。

3.2 我国教育脱贫历程及成效

从我国的扶贫实践来看，教育脱贫的发展脉络有两个维度：一是横向维度，即教育脱贫与其他领域的扶贫之间的关系及在结构上的变迁；二是纵向维度，即教育脱贫按照时间顺序发展的过程。在横向维度上，可以观察教育脱贫与其他经济社会领域扶贫工作之间的共生和互动现象：一方面，其他社会改革带来了教育需求推动了教育脱贫；另一方面，教育脱贫又为其他领域扶贫提供了重要条件，影响着扶贫成效。在纵向上，通过历史时间的推进和过程，可以观察到教育脱贫的连续性、累积性和阶段性。我国教育脱贫是一个从未间断的过程，前一段的改革为后一阶段打下来良好的基础，后一阶段的改革在解决前期问题的基础上提出新的目标和要求。本部分主要通过纵向的历史发展过程，呈现我国教育脱贫的演进历程，并尝试将新中国成立以来我国教育脱贫划分为五个阶段[①]。

① 为了全面梳理和呈现教育在扶贫方面的作用，本书从更广、更长的历史视角予以说明。而对于扶贫历程的划分，学者有不同的划分方法（张琦 2016；黄承伟，2016；吴国宝 2016），本书在前人基础上结合教育扶贫的发展历程，分为五个阶段。

3.2.1 改革开放前普及工农教育（1949—1977 年）

1. 阶段性帮扶措施。新中国成立初期到改革开放以前（1949—1977 年）主要是普及工农教育。新中国成立初期，我国教育基础十分落后，据统计，1949 年以前，全国人口中的 80% 是文盲，在边远山区和少数民族地区，文盲率则高达 95%[①]，当时的人们没有接受教育的基本权利和能力，劳动力的基本素质普遍较低。为此，国家成立政务院文化教育委员会暨教育部，并于 1949 年 12 月 23 日召开了第一次全国教育工作会议，明确了教育改革的基本工作方针是“以老解放区新教育经验为基础，吸收旧教育有用经验，借助苏联经验，建设新民主主义教育”，教育发展的战略就是普及与提高相结合，重点在普及阶段。这一阶段我国虽然没有出台专门的教育脱贫政策和专项行动，但在摸索和探索建设新民主主义教育方面，全国农村基本形成了“生产大队办小学，公社办中学，区委会办高中”的农村教育格局[②]，创造了“政府补贴 + 公社的公共经费分担”的全民办教育模式。

2. 取得成效。这一阶段的举措和政策定位为我国在新中国成立初期普及教育、扫除文盲，以及改变教育脱离生产生活实际的现状探索了改革之路。到 1965 年，全国共扫除文盲 10272.3 万人，年均扫盲 604.3 万人；小学共 1681939 所，在校生达 11626.9 万人，学龄儿童入学率达 85%，比新中国成立前（1946 年）增长 3.9 倍；普通中学（含初、高中）共 18102 所，在校生达 1432 万人，小学毕业生的 47% 可升入中学，比 1946 年增长 6.9 倍[③]。这些努力促进了中国农业生产力的释放和发展，对于缓解农村贫困起到了积极作用，到 1978 年中国农村贫困人口还有 2.5 亿，占当时农村人口的 30.7%。

3.2.2 以制度性变革进行教育帮扶（1978—1993 年）

1. 阶段性帮扶措施。改革开放后到实施“八七”扶贫攻坚计划前（1978—1993 年）主要是以制度性变革进行教育帮扶。这一阶段教育的计划

① 程万平 . 中国教育问题报告［M］. 北京：中国社会科学出版社，2002：12。

② 张德元 . 中国农村义务教育发展历史评述［EB/OL］. http：//news.163.com/05/1031/15/21DE6ACH000113DU.html

③ 程万平 . 中国教育问题报告［M］. 北京：中国社会科学出版社，2002：12

性与人们的需求变化之间的矛盾逐渐凸显，要改变贫困地区贫穷落后的状况，靠一般的发展政策难以奏效，需要实施特殊的扶持政策。在这种情况下，1984年9月，发布了《关于帮助贫困地区尽快改变面貌的通知》；1985年5月，颁布了《中共中央关于教育体制改革的决定》。这两个文件是贫困地区教育发展制度性变革的肇始，也开启了新一轮的教育脱贫。

2. 取得成效。一方面开始于农村的经济体制改革为教育脱贫提供了经济基础。以家庭联产承包责任制、以市场化为取向的农产品价格形成和流通体制改革、促进社会劳动力向非农产业转移等为主要措施的改革方式，构成了此阶段中国农村减缓贫困的主要推动力。此阶段，农村绝对贫困人口从1978年的2.5亿下降到1985年的1.25亿，平均每年减少1786万人，相应的贫困发生率由30.7%减少到14.8%，年均递减速度为9.4%。

另一方面，我国政府文件中明确提出教育脱贫政策规划和措施要求。在《关于帮助贫困地区尽快改变面貌的通知》中，非常明确地把增加智力投资作为其中一条重要措施，要求“在贫困地区有条件地发展和普及初等教育，重点发展农村职业教育，加速培养适应山区开发的各种人才”。之后1992年10月，国家教育委员会办公厅又发布了《国家教委办公厅关于对全国143个少数民族贫困县实施教育扶贫的意见》，进一步指出“教育扶贫主要是帮助和推动少数民族贫困县发展教育事业”①，这是国家正式文件中最早提出的教育扶贫概念。

3.2.3 以开发式扶贫普及初等教育（1994—2000年）

1. 阶段性帮扶措施。“八七”扶贫攻坚计划到实施第一个扶贫开发纲要前（1994—2000年）主要是以开发式扶贫普及初等教育。随着市场经济以及改革开放的不断深入，传统的农村改革方式边际效益逐渐下降，此阶段国家扶贫战略由救济式扶贫向开发式扶贫转变。1994年，国家制定《国家八七扶贫攻坚计划（1994—2000年）》，其中，改变教育文化卫生的落后状

① 《国家教委办公厅关于对全国143个少数民族贫困县实施教育扶贫的意见》（教民厅〔1992〕12号），1992年10月19日发布。转引自张大伟.东部高校对口支援民族地区高校的历史考察［J］.西部学刊，2013,（11）：31-33.

况，是该项计划的具体目标之一，并明确规定："减免贫困户子女入学的学杂费，并在助学金上给予照顾；到20世纪末贫困地区要基本普及初等教育，积极扫除青壮年文盲；开展成人职业技术教育和技术培训，使大多数青壮年劳力掌握一到两门实用技术；在科教兴农方面，要求统筹实施农业综合开发、扶贫开发和"丰收""星火""燎原"等计划项目，统筹制定人才培养和适用技术的培训方案，统筹组织各方面的技术力量，统筹使用各部门的实验基地和设施，统一筹措、合理安排科教兴农资金"[①]。为了解决贫困地区教育落后状况，加快贫困地区普及九年义务教育的步伐，从1995年起，政府开始实施第一期"国家贫困地区义务教育工程"。

2. 取得成效。据统计，截至2000年，我国15岁以上人口的平均受教育年限达到7.85年，比1982年提高2.52年；25岁以上人口平均受教育年限达到7.42年，比1982年提高3.16年。1982—2000年，每10万人口中具有大专及以上学历的人口从615人增加到3611人，增长近5倍；具有高中和中专学历的人口从6779人增加到11146人，增长约65%[②]。而此时我国农村贫困人口下降到3209万（按2000年农村贫困标准625元测算），贫困发生率下降到3.5%左右。

3.2.4 以区域协调发展实现义务教育（2001—2010年）

1. 阶段性帮扶措施。进入21世纪，我国贫困地区教育面临新的挑战和需求，一方面基础教育需要全面普及，另一方面国家经济发展面临全面提速对劳动者的素质提出更高要求。在此背景下，国家根据贫困地区发展特性与国家经济发展背景制定了《中国农村扶贫开发纲要（2001—2010年）》（国发〔2001〕23号），对新世纪新阶段的扶贫开发做了全面部署，尤其强调以区域协调发展实现义务教育。为配合贫困地区义务教育的全面实施和落实，国家召开了新中国成立以来第一次全国农村教育工作会议，并发布了《国务院关于进一步加强农村教育工作的决定》，明确指出，"到2007

① 《国家八七扶贫攻坚计划（1994—2000年）》（国发〔1994〕30号），[EB/OL]. http://www.cpad.gov.cn/art/1994/12/30/art_46_51505.html

② 顾明远主编. 改革开放30年中国教育纪实[M]. 北京：人民出版社，2008：278-280。

年，争取全国农村义务教育阶段家庭经济困难学生都能享受到‘两免一补’，努力做到不让学生因家庭经济困难而失学；西部地区普及九年义务教育人口覆盖率要达到85%以上，青壮年文盲率降到5%以下”①。

为了贯彻落实《中国农村扶贫开发纲要（2001—2010年）》，中共中央、国务院决定，“十五”期间继续实施第二期“国家贫困地区义务教育工程”。中央财政投入50亿元，地方财政配套23.6亿元，共计73.6亿元，在中、西部19个省、自治区、市和新疆生产建设兵团的522个县级单位实施，共覆盖人口1.24亿，其中少数民族人口0.49亿，占总人数的40%。项目实施单位包括西部开发地区县（旗、团场）462个，占总数的90%。

2. 取得成效。第二期“国家贫困地区义务教育工程”把校舍改造和建设继续作为重点的同时，加大了师资培训的力度，新增了免费提供教科书、配置信息技术教育设备等项目。随着针对贫困地区的教育投入的重视和教育经费的增多，贫困地区、贫困人口的受教育程度普遍提高。一方面，文盲、半文盲比重逐年下降，从2002年的15.3%下降到2010年的10.3%；另一方面，义务教育比重稳步提高并成为比重最大的部分，截至2010年，扶贫重点县劳动力中，初中及以下教育程度占到45.8%；中等教育和高等教育比重显著上升，高中教育占到8.5%，大专及以上教育占到3.3%（见表3–1）。

表3–1　扶贫重点县劳动力文化程度构成

单位：%

年份	文盲、半文盲	小学	初中	高中	大专及以上
2002	15.3	37.8	38.8	6.4	1.6
2003	14.7	36.8	40.3	6.3	1.8
2004	14.0	35.8	41.4	6.7	1.9
2005	12.7	35.1	43.4	6.7	2.0
2006	12.3	34.3	44.2	7.1	2.1
2007	11.6	33.7	45.0	7.3	2.4
2008	11.1	33.4	45.2	7.7	2.7

① 国务院关于进一步加强农村教育工作的决定（国发〔2003〕19号），[EB/OL]. http://www.gov.cn/zhengce/content/2008-03/28/content_5747.htm

续表

年份	文盲、半文盲	小学	初中	高中	大专及以上
2009	10.8	32.6	45.5	8.1	3.0
2010	10.3	32.1	45.8	8.5	3.3

资料来源：《中国农村贫困监测报告 2011》，第 127 页。

3.2.5 以精准扶贫提高贫困人口受教育程度（2011 年至今）

我国以《中国农村扶贫开发纲要（2011—2020 年）》《教育脱贫攻坚“十三五”规划》为指导开展了新一轮的扶贫开发工作，这一阶段主要以精准扶贫精准脱贫提高贫困人口受教育程度，保障各教育阶段从入学到毕业的全程全部资助，保障贫困家庭孩子都可以上学，不让一个学生因家庭困难而失学。在新一轮的扶贫开发工作中，教育脱贫的地位和作用逐渐被加强和重视，呈现出以下特征：

（1）在国家顶层设计中，教育脱贫纳入其中。《中国农村扶贫开发纲要（2011—2020 年）》提出，到 2020 年，贫困地区基本普及学前教育，义务教育水平进一步提高，普及高中阶段教育，加快发展远程继续教育和社区教育；《关于创新机制扎实推进农村扶贫开发工作的意见》中又再次重申实施教育脱贫工程，促进贫困地区教育体系更加完善，培训就业衔接更加紧密，就业创业能力持续提高等；《关于打赢脱贫攻坚战的决定》中再次强调，着力加强教育脱贫，加快实施教育扶贫工程，让贫困家庭子女都能接受公平有质量的教育，阻断贫困代际传递，国家教育经费向贫困地区、基础教育倾斜，实施教育扶贫结对帮扶行动计划。截至目前，我国已相继出台《关于实施教育扶贫工程的意见》《国家贫困地区儿童发展规划（2014—2020 年）》《乡村教师支持计划（2015—2020 年）》《教育脱贫攻坚“十三五”规划》《职业教育东西协作行动计划（2016—2020 年）》《推普脱贫攻坚方案（2018—2020 年）》《深度贫困地区教育脱贫攻坚实施方案（2018—2020 年）》等政策性文件。从宏观层面，国家针对教育脱贫做了细致全面的部署和规划，针对贫困地区不同层次、不同阶段、不同对象的教育进行了合理的布局和设计，贫困地区教育发展问题已然成为我国扶贫开发重视的关键领域和重要环节，为打赢教育脱贫攻坚战提供了路线图和时间表。

（2）教育脱贫政策在片区扶贫攻坚规划实施中得以应用。新一轮的扶贫攻坚战以“集中连片特困地区”为主战场，在片区的扶贫攻坚规划中，结合片区的实际情况对教育脱贫做了进一步详细具体的说明和解释。主要包括以下几个方面：一是贫困家庭劳动力职业教育与培训政策。片区发展与扶贫攻坚规划中对贫困家庭劳动力培训重点进行了详细设计与说明，涉及中等职业教育学校农村学生和家庭经济困难学生免学费政策；农村贫困家庭新成长劳动力培训和职业技能鉴定项目等（见表 3–2）。二是完善国家教育资助制度。目前我国已经构筑了从学前、义务教育、高中、中职、高等教育全覆盖的资助体系，以片区为主要阵地的扶贫脱贫攻坚战更是根据各地的实际情况制定了各具特色的资助办法。三是扶持重点群体政策，比如对孤儿、残疾儿童、留守儿童等加大了救助扶持力度，对农村妇女进行实用技能培训和职业教育。

表 3–2　片区教育脱贫重点政策

贫困家庭劳动力培训重点	贫困地区教育发展重点
贫困家庭新生劳动力职业教育培训助学。引导和鼓励贫困家庭新生劳动力继续接受高、中等职业教育或一年以上的技能培训。	学前教育。实施农村学前教育推进工程、学前教育三年行动计划，新建、改建、扩建一批幼儿园，基本普及学前一年教育，学前三年毛入园率有较大提高。
贫困家庭青壮年劳动力转移就业培训。组织贫困家庭青壮年劳动力参加以取得初、中级从业资格证书为方向的就业技能培训。	义务教育学校标准化建设。实施中小学校舍安全工程与农村义务教育校舍维修改造、农村初中工程、薄弱学校改造和学校布局调整等相结合，切实缩小区域差距、城乡差距和校际差距。实现校舍、师资、设备、图书等资源均衡配置，逐步达到国家基本标准。完善农村义务教育经费保障机制。
贫困家庭劳动力扶贫产业发展技能培训。开展贫困农民各类实用技能培训，扶持他们参与当地特色产业发展的能力。	普通高中教育。在县城或中心城市新建、改扩建一批普通高中学校，加强基础设施建设和仪器设施配备，扩大培养能力。
贫困村产业发展带头人培训。以提高科技素质、职业技能和经营能力为核心，培养贫困村产业带头人引领当地特色产业发展能力和带领当地贫困人口发展生产、参与市场竞争、共同致富增收能力。	职业教育。建设一批国家级、省级示范性中职学校。充分利用现有培训资源，加大农村劳动力技能培训力度。改造和完善职业院校主干专业教学和实训条件。以毕节职业技术学院、昭通职教中心为基础，创建区域性、综合性的高职学院。

资料来源：根据《大兴安岭南麓片区区域发展与扶贫攻坚规划（2011—2020 年）》和《乌蒙山片区区域发展与扶贫攻坚规划（2011—2020 年）》整理得到。

（3）教育脱贫的政策实施更加具体化。以教育部为主，相关部门积极配合和回应新一轮扶贫开发工作，制定了多项针对贫困地区的教育扶贫政策和措施，以保障教育扶贫政策的完善和实施。2013 年教育部会同多部委联合出台《关于实施教育扶贫工程意见的通知》，就贫困地区教育扶贫工作就经费保障、学生就业、对口支援、人才引进等方面的工作做了全面部署和安排。之后又出台了学生营养改善计划、贫困地区定向招生专项计划、学校教师特设岗位计划、高校定点扶贫计划等针对性强、配套性好的措施和方案（见表 3–3）。2015 年教育部又提出实施 20 项教育扶贫全覆盖政策，针对不同等级、不同对象、不同地区，制定了相关政策措施，其中涉及学前教育、义务教育、中等教育、高等教育以及乡村教师等方面，比如义务教育阶段实施的“两免一补”、《国家贫困地区儿童发展规划（2014—2020 年）》《乡村教师支持计划（2015—2020 年）》等。相关部门根据各自职责和农村地区的发展特点积极制定和出台相关措施，为保证贫困地区教育扶贫政策的有效推进和开展提供了良好保障和充足空间。

表 3–3　相关部门出台的教育脱贫政策

政策	出台部门	政策文件	政策内容
集中连片特殊困难地区农村义务教育学生营养膳食补助	教育部、财政部	《农村义务教育学生营养改善计划实施细则》	中央财政近期下达专项资金，用于集中连片特殊困难地区农村义务教育学生营养膳食补助
面向贫困地区定向招生专项计划	教育部	《关于实施面向贫困地区定向招生专项计划的通知》	每年在全国招生计划中专门安排 1 万名左右专向计划，以本科一批招生计划为主
提高特岗教师工资性补助标准	教育部、财政部	《关于做好 2012 年农村义务教育阶段学校教师特设岗位计划有关实施工作的通知》	从 2012 年起，中央财政特岗教师工资性补助标准提高为西部地区人均年 2.7 万元，中部地区人均 2.4 万元
提升乡村教师能力素质，建立乡村教师荣誉制度	教育部	《乡村教师支持计划（2015—2020 年）》	2017 年，逐步形成“下得去、留得住、教得好”的局面；2020 年，造就一支素质优良、甘于奉献、扎根乡村的教师队伍。
促进贫困地区儿童发展计划	教育部	《国家贫困地区儿童发展规划（2014—2020 年）》	到 2020 年，集中连片特殊困难地区儿童发展整体水平基本达到或接近全国平均水平。

续表

政策	出台部门	政策文件	政策内容
高校定点扶贫工作	教育部	《关于做好直属高校定点扶贫工作的意见》	通过需求导向、分类培训、众校协同、集中分片和批量组织的方式，进行定向扶贫和精准扶贫。具体内容包括：开展贫困地区教师、群众、农村基层干部、乡村医生等方面的培训。
贫困地区儿童营养改善试点项目	卫生部	《关于贫困地区儿童营养改善试点项目管理方案的通知》	利用中央财政专项补助经费，为6-24月龄婴幼儿免费提供营养包，预防婴幼儿营养不良和贫血。

资料来源：根据相关资料作者自行整理而得。

（4）地方政府在教育脱贫规划实施和政策落实上更加精准。各省根据各地各级、各类以及受助群体实际情况，制定并出台了更为具体的政策规划。例如贵州省制定了《贵州省教育精准脱贫规划方案（2016—2020年）》，实施八大教育精准脱贫计划：学生精准资助惠民计划、职业教育脱贫富民计划、办学条件扩容改善计划、教育信息化推广计划、教师队伍素质提升计划、农村和贫困地区招生倾斜计划、教育对口帮扶计划、特殊困难群体关爱计划；湖北省启动《湖北省教育精准扶贫行动计划（2015—2019年）》，实施精准扶贫（“精准改造”“精准招生”“精准资助”和“精准就业”）工程；甘肃省相继出台了《甘肃省精准扶贫乡村教师队伍专项支持计划》《甘肃省加快发展民族教育专项规划》《甘肃省教育厅支持革命老区教育跨越式发展行动计划》《甘肃省精准扶贫职业教育专项支持计划》等政策；湖南省制定了《湖南省教育扶贫规划（2015—2020年）》，并制定了《教育扶贫到村到户支持政策明细表》（见表3-4），为建档立卡贫困户提供明晰的教育扶贫政策说明和指导。这些政策不仅系统全面的反映了地方教育扶贫全貌，更为重要的是能够结合地方实际情况，针对地方发展特色，做到因地分类、因人分策，实现了农村贫困户子女从学前教育到大学阶段全覆盖教育扶贫体系，并能将教育贫困信息、主要措施、任务节奏、考核评估进行全程对接，确保贫困家庭子女“上得起学、读得起书、就得了业”，这些政策措施为下一步脱贫攻坚提供了重要参考价值。

表 3–4　湖南省教育扶贫到村到户支持政策明细表

序号	项目	受益对象	政策内容	政策出处	出台时间	备注
1	学前教育家庭经济困难幼儿入园补助金政策	公办幼儿园和普惠性民办幼儿园中的家庭经济困难幼儿	1000 元 / 生 . 年	《湖南省财政厅、湖南省教育厅关于建立学前教育资助制度的通知》（湘财教［2012］75 号）	2012 年 12 月	全省平均按在园幼儿总数的 10% 确定
2	义务教育阶段家庭经济困难寄宿生生活费补助政策	义务教育阶段家庭经济困难寄宿生	小学 1000 元 / 生 . 年 初中 1250 元 / 生 . 年	《湖南省财政厅、湖南省教育厅关于我省农村义务教育阶段贫困家庭学生“两免一补”政策实施暂行办法》（湘财教［2005］9 号）	2005 年 3 月	全省约按寄宿生总数的 1/3 确定
3	普通高中国家助学金政策	普通高中家庭经济困难学生	平均 2000 元 / 生 . 年	《湖南省财政厅、湖南省教育厅关于建立普通高中国家助学金制度的意见》（湘财教［2010］75 号）	2010 年 12 月	在校生的 20%
4	普通高中免学杂费政策	建档立卡家庭学生、农村低保户家庭学生、家庭经济困难残疾学生、农村特困救助供养学生	省示范性高中 1000 元 / 生 . 年，非示范性高中 800 元 / 生 . 年	《湖南省财政厅、湖南省教育厅关于印发 < 湖南省免除普通高中建档立卡家庭经济困难学生学杂费实施方案 > 的通知》（湘财教［2016］66 号）	2016 年 12 月	符合条件对象全纳入
5	中等职业教育国家助学金政策	一二年级中职学生	2000 元 / 生 . 年	《关于扩大中等职业教育免学费政策范围进一步完善国家助学金制度的通知》（湘财教〔2012〕82 号） 《关于下达 2015 年中职学校国家助学金中央和省级资金的通知》（湘财教〔2015〕131 号）	2012 年 12 月 2015 年 9 月	集中连片地区（县城除外）学生和涉农专业学生全部享受，非集中连片地区为一二年级在校生的 15%

续表

序号	项目	受益对象	政策内容	政策出处	出台时间	备注
6	中等职业学校免学费政策	一二三年级学生	平均 2400 元 / 生 . 年	《关于扩大中等职业教育免学费政策范围进一步完善国家助学金制度的通知》（湘财教〔2012〕82 号）	2012 年 12 月	农村学生、县镇非农学生、涉农专业学生，以及 10% 的城市家庭经济困难学生
7	高等教育本专科学生国家助学金政策	全日制本专科生中家庭经济苦难学生	一等 4000 元 / 生 . 年 二等 3000 元 / 生 . 年 三等 2000 元 / 生 . 年	湖南省财政厅、湖南省教育厅转发《教育部财政部关于印发 < 普通本科、高等职业学校国家助学金管理暂行办法 > 的通知》（湘财教〔2007〕38 号）	2007 年 7 月	在校生的 20%
8	高等教育本专科学生国家励志奖学金政策	全日制本专科生中品学兼优的家庭经济困难学生（二年级及以上）	5000 元 / 生 . 年	湖南省财政厅、湖南省教育厅转发《教育部财政部关于印发 < 普通本科、高等职业学校国家励志奖学金管理暂行办法 > 的通知》（湘财教〔2007〕37 号）	2007 年 7 月	在校生的 3%
9	高等教育本专科学生国家奖学金政策	特别优秀的全日制在校本专科生（二年级及以上）	8000 元 / 生 . 年	湖南省财政厅、湖南省教育厅转发《教育部财政部关于印发 < 普通本科、高等职业学校国家奖学金管理暂行办法 > 的通知》（湘财教〔2007〕36 号）	2007 年 7 月	中央分配指标，全国共 5 万名
10	研究生国家助学金政策	纳入全国研究生招生计划的所有全日制研究生（有固定工资收入的除外）	博士生 13000 元 / 生 . 年，硕士生 6000 元 / 生 . 年	湖南省财政厅、湖南省教育厅印发湖南省研究生国家助学金、研究生奖学金管理暂行办法的通知（湘财教〔2014〕29 号）	2014 年 7 月	100%

续表

序号	项目	受益对象	政策内容	政策出处	出台时间	备注
11	研究生学业奖学金政策	表现良好的全日制硕士、博士研究生	博士生不低于10000元/生.年，不高于18000元/生.年；硕士生研究生不低于8000元/生.年，不高于12000元/生.年	湖南省财政厅、湖南省教育厅印发湖南省研究生国家助学金、研究生奖学金管理暂行办法的通知（湘财教〔2014〕29号）	2014年7月	高校和研究生培养单位自行确定
12	研究生国家奖学金政策	特别优秀的全日制硕士、博士研究生	博士研究生30000元/生.年，硕士研究生20000元/生.年	湖南省教育厅、湖南省财政厅转发教育部财政部关于印发《普通高等学校研究生国家奖学金评审办法》的通知（湘教通〔2014〕123号）	2014年4月	中央分配指标，各省根据学校在校生人数进行分配
13	生源地信用助学贷款政策	家庭经济困难大学生	本专科生最高不超过8000元/生.年，研究生最高不超过12000元/生.年	1. 湖南省教育厅、湖南省财政厅、中国银行业监督管理委员会湖南监管局关于印发《湖南省生源地信用助学贷款实施暂行办法》的通知（湘教通〔2008〕83号） 2. 财政部、教育部、中国人民银行、银监会关于调整完善国家助学贷款相关政策措施的通知（财教〔2014〕180号） 3. 教育部、财政部、中国人民银行、银监会关于完善国家助学贷款政策的若干意见（教财〔2015〕7号）	1.2008年12月 2.2014年7月 3.2015年7月	实际需求人数

3.3 我国教育脱贫类型及特征

《教育脱贫攻坚“十三五”规划》（教发［2016］18 号）作为国家首个教育脱贫的规划，明确提出实现贫困地区“人人有学上、个个有技能、家家有希望、县县有帮扶”①的目标。综观我国教育脱贫历程，不同阶段、不同的经济社会环境下国家采取了不同的教育脱贫措施，而不同的贫困家庭根据自身不同的需求也进行了不同的教育投资决策，选择了不同的教育类型。按照教育形式或者教育类型划分，大致可以分为以普及教育为目的的基础教育、以技能培训为主的职业教育和追求个人发展的高等教育。不同的教育脱贫类型呈现出不同的教育特点，满足了不同的教育需求，取得了不同的教育效果（如图 3–1）。

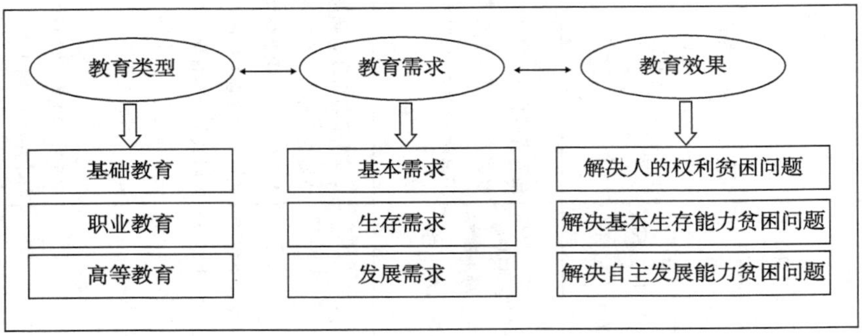

图 3–1　教育脱贫的类型、需求和效果

第一，基础教育以基本需求为导向，旨在保障贫困家庭基本受教育的权利，解决人的权利贫困问题。我国自改革开放以来对基础教育非常重视，相继开展了扫盲和普及九年义务教育为主的基础教育脱贫策略。由于历史原因，贫困地区的贫困家庭成员文化程度普遍偏低，尤其是上一代父母亲大多处于文盲半文盲水平，严重影响和制约其对于子女的教育情况。在这种背景下，我国针对文盲半文盲贫困家庭开展了时间长、范围广的扫盲工作，数据显示，1978—1990 年，全国扫盲 4249.6 万人，成人文盲数量由

① 教育部等六部门关于印发《教育脱贫攻坚“十三五”规划》的通知，［EB/OL］. http：//www.moe.gov.cn/srcsite/A03/moe_1892/moe_630/201612/t20161229_293351.html

1982年的22996万人下降到1990年的18003万人，年均减少624万人[①]，这为我国贫困家庭提高文化水平奠定了非常重要的基础。

对于贫困家庭中学龄儿童采取的是以普及九年义务教育为主的策略。我国从1995年起，组织了旨在帮助贫困地区加快实施普及义务教育、促进当地人民群众脱贫致富的“国家贫困地区义务教育工程”，自2001年起实施了对农村义务教育阶段贫困家庭学生“免杂费、免书本费、逐步补助寄宿生生活费”的“两免一补”措施，极大地减轻了贫困家庭子女上学难题，保障了贫困家庭子女接受教育的权利。基础教育是个人成长和发展的前提条件，就现行九年义务教育而言，通过在思想观念、行为方式、综合素质等方面九年时间的教育投入，为贫困家庭子女获得基本的知识和胆识奠定了基础，有效提高了贫困家庭平均受教育的水平。此外，九年义务教育作为一项全国推行的教育政策，在贫困地区的有效实施保障了教育的均衡发展，促进了教育公平的实现。

第二，职业教育旨在提升贫困家庭的技能水平，以市场为导向培育出针对性强、生产性强、实践性强的劳动力，解决基本生存能力贫困问题。相对于普通教育，职业教育的精准扶贫功能更具优势，具有促就业、助发展、保权利、扶精神等扶贫功能。十五规划以来，国家出台了一系列政策文件推动职业教育脱贫工作的开展，主要集中在四个方面：一是东西职业院校合作扶贫；二是劳动力转移培训；三是帮扶贫困家庭子女接受职业教育；四是帮扶农民工接受职业教育培训。具体的职业教育脱贫行动有中等职业学校联合招生合作办学工作、雨露计划、农村劳动力转移培训计划、农民工培训规划、特别培训计划、农民工学历与能力提升行动计划等。

与基础教育通识性、普及性和培养合格人才基础的特征不同，职业教育重在为受教育者提供技术技能培养，保证其拥有一技之长以便更快地融入劳动力市场，投入生产经营获得一定的收入报酬。尤其对于贫困家庭而言，职业教育通过针对性强的行业、职业规划，以周期短、见效快、受众面广的方式和内容进行相关技能培训，帮助贫困群体解决在就业、创业中

---

① 曾天山．二十世纪的中国教育事业卷［M］．兰州：甘肃人民出版社，2000：227.

遇到的实际困难，达到为贫困地区和贫困家庭发展生产、增加收入的目的。以“雨露计划”为例，首先在扶助对象上主要是有建档立卡贫困户，重点选择中、高考落榜生中的贫困家庭和30岁以下有一定文化基础的劳动力；培训方式主要以“订单培训”为主，培训内容根据就业市场和用人单位需求，重点培训家政、餐饮、保安、酒店、建筑、园林绿化、制造、电子装配等技能①。目前职业教育通过有效、快捷、对路的培训让贫困家庭、贫困对象拥有一技之长，已经成为贫困家庭解决基本生存问题的重要路径。

第三，高等教育以潜在需求为导向，旨在拓展贫困家庭的个人发展能力，解决自主发展能力贫困问题。改革开放后，在“尊重知识，尊重人才”的背景下，20世纪80年代的大学生通过自身的努力可以获得接受高等教育的机会，尤其是教育部在《关于一九八三年全国全日制高等学校招生工作会议的报告》制定了“定向招生，定向分配”的方法，规定在中央部门或国防科工委系统所属的某些院校，按一定比例实行面向农村或农场、牧场、矿区、油田等艰苦行业的定向招生并给予定向分配。这给当时有意愿、有能力的农村学生提供了接受平等教育的机会，并以定向分配的方式保障了他们的就业。这一代的大学生普遍出生于贫困之中，接受高等教育使得他们获得了扩展个人能力、激发个人潜能的机会，在提高收入的同时获得了较高的社会地位，这一代大学生也成为我国较早通过高等教育摆脱贫困的榜样。

之后在高校收费制度下，我国又出台了与收费改革体制相配套的奖学金、助学金、勤工助学、特困生补助等等配套政策，旨在“不让一个因经济贫因而辍学的学生出现”②。但是面对社会阶层固化和收入分配差距扩大的问题，大学生读书和就业压力不断增大，高等教育作为一种潜在的发展需求对于贫困家庭来说逐渐被弱化。近年来我国又出台《关于实施面向贫困地区定向招生专项计划的通知》，每年面向贫困地区、集中连片特殊困难地区实行定向招生，并根据各省贫困地区特别是农村经济社会发展需要，以农林、水利、地矿、机械、师范、医学以及其他适农涉农等贫困地区急需

① 《关于印发 < 关于在贫困地区实施“雨露计划”的意见 > 和 < 贫困青壮年劳动力转移培训工作实施指导意见 > 的通知》[EB/OL]. http: //www.cpad.gov.cn/art/2007/3/30/art_50_10421.html

② 曾天山. 二十世纪的中国教育事业卷[M]. 兰州：甘肃人民出版社，2000：413.

专业为主，为贫困家庭子女接受高等教育提供专项资助。高等教育为有潜在发展需求的贫困群体提供了脱贫路径，这条脱贫路径虽然没有基础教育那么根本、没有职业教育那么直接，但是在国家相关政策的鼓励和保障下，贫困家庭子女接受高等教育后为其个人发展提供了自我强化和提升的持续动力，将在很大程度上实现持续性脱贫。

3.4 教育脱贫中存在的现实问题

现在我国教育脱贫机制尚未形成系统完善的机制，并且在实施过程中遇到种种问题和困难，在全面建成小康社会的冲刺阶段亟待尽快克服和解决。

1. 贫困家庭社会阶层固化，教育脱贫的任务艰巨

从公平和效率的角度来看，1949—1976 年的教育机制主要着力于社会的公平，推进教育机会分配平等化及阻断家庭背景与教育获得之间的联系，极大地减弱了教育方面的阶级差异；1977—2008 年的教育机制主要着力于效率，进行精英化和市场化的改革，具有社会分层功能的高等教育起到了制造和固化社会分层的功用[①]。尤其是近些年来，随着教育改革在城乡之间的差距越来越大，传统的大众化教育趋于弱势，逐步转向精英化教育和市场化教育，导致社会阶层分化乃至固化，贫困家庭享有公平教育的机会越来越少。在此背景下，贫困家庭脱贫将面临种种困难和挑战，一方面是贫困家庭父母的文化水平较低对子女的教育产生不利影响，导致失学率辍学率不断上升；另一方面随着教育市场化、产业化的不断扩大与发展，地区间、城乡间、家庭间享有的教育机会、得到的教育资源、达到的教育效果将会逐步拉大，教育脱贫的任务也将越来越艰巨。

2. 贫困家庭主体意识淡薄缺乏脱贫主动性，警示了教育脱贫缺位和责任重大

受长期封闭思想的影响，贫困家庭、贫困人口在传统小农经济的生产

① 李春玲 . 社会政治变迁与教育机会不平等——家庭背景及制度因素对教育获得的影响（1940 — 2001）［J］. 中国社会科学，2003（4）：86-98.

生活方式下，主动接受教育、主动寻求政策支持的意识相对淡薄，再加上贫困家庭的父母和子女在学习教育上存在一种“读书无用论”“知识无力感”思想，主动学习、主动脱贫的意识不强。与此同时，传统的扶钱扶物式扶贫在一定程度上助长了部分贫困地区居民“等、靠、要”错误思想。尽管教育扶贫的相关政策做了大量的宣传工作，但是贫困地区贫困人口自觉主动地了解政策、接受政策、寻求政策帮助的意识不强。贫困家庭主体意识淡薄说明脱贫主体自身的能动性、主动性没有得到充分调动和激发，从另一个侧面也反映出我国教育在脱贫过程中没有发挥有效作用，未来教育脱贫的责任仍旧重大。

3. 贫困家庭脱贫的转化能力不足，脱贫的可持续性差

我国经济和社会发展已步入快速发展和战略转型期，知识技能的更新速度越来越快，社会对高素质人才的需求越来越多，社会需要身心健康、持续发展能力强、有发展潜力的人才。而我国长期以来的扶贫脱贫工作没有跳出能“有效输血”而无法“有效造血”的窠臼，贫困家庭脱贫的可持续性较弱，在教育扶贫脱贫方面虽然已经进行了诸多尝试和努力，但是贫困家庭或者贫困户自身学习能力、转化能力、市场认知能力有限，教育脱贫的措施和工作没有达到预期的效果，导致扶贫脱贫的可持续性降低。比如在基础教育方面，考虑在通识性教育的普及性和公平性的基础上，缺乏对贫困地区特殊性的关怀，偏重城市导向的课本知识，造成贫困学生厌学、辍学等问题的出现；在职业教育方面，缺乏促进可持续发展的培训机会与培训内容，现有的培训项目多数是自上而下的政策安排，往往较为重视经济收入的提高，但是多数短期培训并没有真正转化为贫困对象的自我发展能力，再加上不少受训者缺乏市场分析能力和工作经验导致雪上加霜。所以，精准扶贫精准脱贫的核心应该是扶贫脱贫的可持续性，即如何让贫困对象真正在社会，特别是市场经济社会中具备自我生存、自我发展的能力，而不是仅仅考虑在一定时点达到某一标准。

4. 与贫困家庭教育精准扶贫的需求相比较，教育脱贫的标准较低

长期以来，我国教育财政投入不足，公共教育经费支出比例偏小，虽然近年来比重有所上升（超过了 4%），但是总体来说可用于教育脱贫的经

费仍显不足。首先，有限的教育脱贫经费面临地方财政收支矛盾，以及教育经费项目内容和责任分担的问题。一些贫困地区，尤其是贫困县，县级财政本身比较薄弱，财政增收困难，财政收入的重点都用于保证刚性支出，基础设施建设项目资金缺口很大。这造成两方面的矛盾，要么致使一些需要地方配套资金的项目落空，影响扶贫攻坚进度；要么给地方政府带来相当的债务。其次，有限的教育脱贫经费导致个体的资助金额偏低。受助者与扶贫部门均反映，资助金额偏低，难以满足个体教育发展的需求。第三，有限的教育脱贫经费致使后续资金不足。有关配套政策支持、后期维护等方面的政策和资金还比较缺乏。比如，在“营养餐计划”中，食堂的建设、人工、运营资金都没有专项的补贴，相关管理人员的工资、编制也仍然没有解决；“营养包计划”中，也只有营养包本身的补助资金、营养包的管理、发放、维护、保管等工作涉及的人员、资金也仍然有很大的缺口。

第四章

教育与贫困陷阱：理论构建

扶贫开发贵在精准，重在精准，成败之举在于精准。各地都要在扶持对象精准、项目安排精准、资金使用精准、措施到户精准、因村派人（第一书记）精准、脱贫成效精准上想办法、出实招、见真效。要坚持因人因地施策，因贫困原因施策，因贫困类型施策，区别不同情况，做到对症下药、精准滴灌、靶向治疗，不搞大水漫灌、走马观花、大而化之。

——习近平在部分省区市扶贫攻坚与“十三五”时期经济社会发展座谈会上的讲话
2015年6月18日

教育作为一项重要的人力资本，影响个人的整个人生历程，同样家庭中父母的人力资本也会影响他们子女的人力资本情况。本章节从家庭教育与贫困陷阱之间的互动关系角度构建了一个代际交叠模型，从家庭代际传递的角度分析陷贫脱贫的各种可能状态。不同家庭之间所面对的效用函数和约束条件存在差异，不同家庭对人力资本投资情况有所不同，从而导致有的家庭较为富裕，有的家庭较为贫困，有的家庭暂时性贫困，有的家庭持续性贫困，为此该章节为贫困家庭通过教育投资走出贫困陷阱提供理论分析。

4.1 基本思想与假设前提

除了物质资本投资和（通过研发投资所导致的）技术进步以外，人力资本的增加是推动经济增长的关键因素之一，对此，人们已经达成共识。然而，与由企业主导的物质资本投资和研发投资不同，对人力资本的投资在很大程度上是由家庭承担的①。

企业是追求利润最大化的经济主体，企业是否进行物质资本投资以及物质资本投资规模大小，是否进行研发投资以及研发投资数量多少，是由企业的生产函数和其所面临的约束条件共同决定的。与企业类似，家庭是否进行人力资本投资以及人力资本投资数量多寡，是由家庭的效用函数和其所面临的约束条件共同决定的。

对于家庭而言，较高的人力资本投资导致较高的收入。但由于不同家庭之间所面对的效用函数和约束条件存在差异，不同家庭对人力资本投资数量有所不同，从而导致有的家庭较为富裕（收入较高），有的家庭较为贫困（收入较低），有的家庭暂时性贫困（暂时性收入较低），有的家庭持续性贫困（持续性收入较低）。本章构建了一个代际交叠模型②，试图对以上问题进行研究。本模型的基本假设如下：

① 有些人力资本投资是由企业承担的，比如，企业对员工的培训。

② 本模型是对 Vicky Barham 等人（Barham，V.，Boadway，R.，Marchand，M. and Pestieau，P.，1995）部分文献内容的重新表述。

（1）假定每个家庭在任何时刻都由儿童、成年人和老年人三代人组成；家庭中的每一代人只有一个人，即每个家庭在任何时刻只有一个儿童、一个成年人和一个老年人[①]；家庭中的每一个人都经历时间跨度相等的三个时期——幼年时期、成年时期和老年时期。

（2）假定每一个人只在儿童时期选择是否对自身人力资本进行投资，其他时期不对自身人力资本进行投资。假定儿童对自身人力资本投资仅仅通过接受教育这种方式进行[②]。假定儿童积累人力资本的能力是无差别的，即同样数量的教育投资可以积累相同数量的人力资本。

（3）假定每一个人在儿童时期只有两种选择——接受教育或者是工作，选择接受教育就不能够工作，而选择工作就不能够接受教育[③]。

（4）假定向儿童借贷的信贷市场不存在。这样，一个人在儿童时期若选择接受教育，则这个人只能向家庭中的上一代人借贷，以满足儿童时期的消费和教育投资[④]。假定儿童以市场利率 r 向上一代借贷。假定儿童都能够按时足额偿还借款。

（5）假定儿童接受教育对于社会来说是有效率的。假定每一个人的工资收入与其对自身教育投资数量呈正相关关系，并且教育投资的边际收益递减。假定以 e_t 代表 t 代人在儿童时期的教育投资数量，以 $w(e_t)$ 代表该代人在成年时期的工资收入函数，则 $w'(e_t)>0$， $w''(e_t)<0$ [⑤]。

（6）假定一个人在儿童时期选择工作，则其在儿童时期可以获得的工资收入为 w；并且，鉴于其步入成年时期以后，人力资本没有增加，因

---

① 本模型是个高度抽象化的模型，假定每个家庭只有一个老年人，老年人只有一个成年子女，成年人也只有一个幼年子女。这样，家庭的人口规模是恒定的。

② 人力资本由凝聚在劳动者身上具有经济价值的知识、技术、能力和健康素质构成，是劳动者质量的反映（杨建芳、龚六堂、张庆华，2006）。鉴于教育在人力资本形成中的关键作用，也为了研究方便，本模型假定家庭对人力资本的投资仅仅通过接受教育这种方式进行。

③ 半工半读不存在。

④ 由于信贷市场信息不完全，一个人在儿童时期很难以未来收入作担保从信贷市场借贷，以满足儿童时期消费和教育投资所需要的资金。而在家庭中，儿童的父母对儿童更为了解，信息更充分，更愿意向儿童提供儿童时期消费和教育投资所需要的资金。这种假设在文献中并不少见，例如，文献 Becker, G. and N. tomes（1976）。Cigno（1933）也对家庭信贷市场进行了研究。

⑤ 即一个人成年时期的工资收入随着其儿童时期教育投资数量增加而增加，并且工资收入函数是严格凸的。

此，其成年时期的工资收入仍然为w。根据基本假设（5），我们可以得到$w(0)=w$。

（7）假定每一个人在老年时期不工作。

（8）假定一个人在儿童时期选择工作，其工资收入除了用于消费之外，剩余部分用于储蓄，假定储蓄收益率为r。假定每一个人在成年时期，其收入除了用于消费之外，剩余部分用于储蓄，假定储蓄收益率为r。

（9）假定每一个人在老年时期只消费不储蓄。

（10）假定每一个人在每一个时期从消费中获得的效用服从以a为底（$a>1$）的对数函数。假定t代人在儿童时期用于消费的数额为$C_{0,t}$，在成年时期用于消费的数额为$C_{1,t}$，在老年时期用于消费的数额为$C_{2,t}$，则该代人在儿童时期从消费中获得的效用为$\log_a^{C_{0,t}}$，在成年时期从消费中获得的效用为$\log_a^{C_{1,t}}$，在老年时期从消费中获得的效用为$\log_a^{C_{2,t}}$。另外，假定一个人若在儿童时期接受教育，则还可以获得额外的效用，假定额外的效用为B[①]。这样，t代人在一生中可以获得的总效用可以表示为$U_t=\log_a^{C_{0,1}}+\log_a^{C_{1,t}}+\log_a^{C_{2,t}}+\delta B$，其中，若该代人在儿童时期接受教育，则$\delta=1$；若该代人在儿童时期未接受教育，则$\delta=0$[②]。

4.2 效用最大化

一个人在儿童时期可能选择接受教育，也可能选择直接工作。对于选择接受教育的儿童而言，由于其上一代成年人储蓄数量多寡不一，这样，选择接受教育的儿童有可能从上一代成年人那里借入足够的、合意的资金，以用于儿童时期的消费和教育投资，也有可能不能够借入足够的、合意的

① 为了简单起见，我们没有考虑一个人因接受教育而获得的额外效用大小与教育投资数量之间的函数关系。但是，我们从总效用函数中可以看出，额外效用只来源于一个人在儿童时期所接受的教育。这种表述足以说明我们想要说明的问题。

② 虽然这个效用函数经常被用在类似的动态模型中，但大家都知道，这个效用函数是有局限性的，参见文献 Glomm，G. and B. Ravikumar（1992）。这个效用函数的优点是，它易于处理，并且可以推导出一系列直观和有趣的定性结果。更一般化（或者说更能反映现实）的函数形式，可能推导出更多的定性结果，但也会增加模型的复杂性，而同时却并不能增加模型的对现实的洞察力。

资金。有鉴于此，我们对一个人一生效用最大化问题的讨论可以分为三种情况进行：儿童时期选择工作情况下的一生效用最大化（以下我们简称“未受教育者的效用最大化”）；儿童时期选择接受教育，并且可以从上一代成年人借入足够的、合意的资金情况下的一生效用最大化（以下我们简称“无流动性约束受教育者的效用最大化”）；儿童时期选择接受教育，但却不能从上一代成年人借入足够的、合意的资金情况下的一生效用最大化（以下我们简称“存在流动性约束受教育者的效用最大化”）。

4.2.1 未受教育者的效用最大化

若一个人在儿童时期选择工作（以下我们简称这个人为“未受教育者”），那么该未受教育者在儿童时期获得的工资收入为 w，该收入除了用于消费以外，剩余部分用于储蓄；该未受教育者在成年时期不仅可以获得工资收入 w，还可以获得儿童时期储蓄的本金和收益，这些收入除了用于消费以外，剩余部分用于储蓄；在老年时期，该未受教育者用于消费的资源等于成年时期储蓄的本金和收益。

我们以 σ 代表该未受教育者在儿童时期的储蓄数量，以 s 代表其在成年时期的储蓄数量，则该未受教育者一生效用函数可以表示为：

$$U^U = \log_a^{(w-\sigma)} + \log_a^{(w+(1+r)\sigma-s)} + \log_a^{((1+r)s)} \qquad (4.2.1\text{-}1)$$

求出方程（4.2.1–1）关于 σ 和 s 的一阶偏导数，并使之分别为 0，得到如下方程组：

$$\frac{\partial U^U}{\partial \sigma} = -\frac{1}{w-\sigma} + \frac{1+r}{w+(1+r)\sigma-s} = 0 \qquad (4.2.1\text{-}2a)$$

$$\frac{\partial U^U}{\partial s} = \frac{1}{s} - \frac{1}{w+(1+r)\sigma-s} = 0 \qquad (4.2.1\text{-}2b)$$

方程组的解 σ^U 和 s^U，便是该未受教育者在一生效用最大化情况下，儿童时期储蓄数量和成年时期储蓄数量[①]。σ^U 和 s^U 的解分别为：

① 也即该未受教育者只有在儿童时期和成年时期储蓄数量达到该水平，才能实现一生效用最大化。

$$\sigma^U = -\frac{w(1+2r)}{3(1+r)} \tag{4.2.1–3a}$$

$$s^U = \frac{w(2+r)}{3} \tag{4.2.1–3b}$$

根据（4.2.1–3a）和（4.2.1–3b），我们可以得到该未受教育者在儿童时期的最优消费数量 c_0^U、成年时期的最优消费数量 c_1^U 和老年时期的最优消费数量 c_2^U 分别为：

$$c_0{}^U = w - \sigma^U = \frac{w(2+r)}{3}\frac{1}{1+r} = \frac{s^U}{1+r} \tag{4.2.1–4a}$$

$$c_1{}^U = w + (1+r)\sigma - s = \frac{w(2+r)}{3} = s^U \tag{4.2.1–4b}$$

$$c_2{}^U = (1+r)s = \frac{1}{1+r}\frac{w(2+r)}{3} = (1+r)s^U \tag{4.2.1–4c}$$

这样，我们可以得到该未受教育者一生最大化效用水平 V^U 为：

$$V^U = \log_a^{c_0^U} + \log_a^{c_1^U} + \log_a^{c_2^U} = 3\log_a^{s^U} \tag{4.2.1–5}$$

根据（4.2.1–4b），我们可以看出，该未受教育者成年时期会将其可支配收入在消费和储蓄之间进行平均分配。根据（4.2.1–5），我们可以看出，该未受教育者一生最大化效用只与其成年时期的储蓄有关。

鉴于该未受教育者不需要向家庭中上一代人借贷，所以该未受教育者的个体行为以及一生效用最大化水平不受家庭中上一代人储蓄多寡的影响。

4.2.2 无流动性约束受教育者的效用最大化

若一个人在儿童时期选择接受教育，并且可以从家庭中上一代成年人那里借入充足的、合意的资金用于儿童时期的消费和教育投资（以下我们简称这个人为“无流动性约束受教育者”），那么该无流动性约束受教育者在儿童时期需要向家庭中上一代成年人借入 b 数量资金，以用于儿童时期的消费和 e 数量教育投资；该无流动性约束受教育者在成年时期获得工资收入 $w(e)$，该工资收入除了用于消费支出以外，还要偿还其儿童时期向上一代成年人借入资金的本金和利息，剩余部分 s 用于储蓄；在老年时期，该无流动性约束受教育者用于消费的资源等于其成年时期储蓄的本金和收益。该无流动性约束受教育者一生效用函数可以表示为：

$$U^E = \log_a^{(b-e)} + \log_a^{(w(e)-(1+r)b-s)} + \log_a^{((1+r)s)} + B \qquad (4.2.2\text{–}1)$$

求出方程（4.2.2–1）关于 b 、e 和 s 的一阶偏导数，并使之分别为 0，得到如下方程组：

$$\frac{\partial U^E}{\partial b} = -\frac{1}{b-e} - \frac{1+r}{w(e)-(1+r)b-s} = 0 \qquad (4.2.2\text{–}2a)$$

$$\frac{\partial U^E}{\partial e} = -\frac{1}{b-e} + \frac{w'(e)}{w(e)-(1+r)b-s} = 0 \qquad (4.2.2\text{–}2b)$$

$$\frac{\partial U^E}{\partial s} = -\frac{1}{w(e)-(1+r)b-s} + \frac{1}{s} = 0 \qquad (4.2.2\text{–}2c)$$

方程组的解 b^E 、e^E 和 s^E ，便是该无流动性约束受教育者在一生效用最大化情况下，儿童时期向家庭中上一代成年人借入资金数量、教育投资数量以及成年时期储蓄数量。

根据（4.2.2–2a）和（4.2.2–2b），我们可以得到：

$$w'(e) = 1+r \qquad (4.2.2\text{–}3a)$$

也就是说，无流动性约束受教育者的教育投资数量，只有在满足教育投资的边际收益等于其借入资金的边际成本的情况下，才能实现一生效用最大化。

我们用 e^* 代表满足（4.2.2–3a）的无流动性约束受教育者的最优教育投资数量，并且假定这个教育投资数量也是社会最优的投资数量。

将 e^* 代入（4.2.2–2a）、（4.2.2–2b）和（4.2.2–2c），我们可以进一步得到该无流动性约束受教育者在儿童时期最优借入资金数量和成年人时期最优储蓄数量为：

$$b^E = -\frac{w(e^*) + 2e^*(1+r)}{3(1+r)} \qquad (4.2.2\text{–}4a)$$

$$s^E = \frac{w(e^*) - e^*(1+r)}{3} \quad (4.2.2\text{–}4b)$$

根据（4.2.2–4a）和（4.2.2–4b），我们可以得到该无流动性约束受教育者在儿童时期的最优消费数量 c_0^E 、成年时期的最优消费数量 c_1^E 和老年时期的最优消费数量 c_2^E 分别为：

$$c_0{}^E = b - e = \frac{w(e^*) - e^*(1+r)}{3}\frac{1}{1+r} = \frac{s^E}{1+r} \quad (4.2.2\text{–}5a)$$

$$c_1{}^E = w(e) - (1+r)b - s = \frac{w(e^*) - e^*(1+r)}{3} = s^E \quad (4.2.2\text{–}5b)$$

$$c_2{}^E = (1+r)s = \frac{1}{1+r}\frac{w(e^*) - e^*(1+r)}{3} = (1+r)s^E \quad (4.2.2\text{–}5c)$$

这样，我们可以得到该无流动性约束受教育者一生最大化效用水平 V^E 为：

$$V^E = \log_a^{c_0^E} + \log_a^{c_1^E} + \log_a^{c_2^E} + B = 3\log_a^{s^E} + B \quad (4.2.2\text{–}6)$$

从以上的推导过程，我们可以发现两个问题：

第一，从代际交叠的角度来说，只有在育投资数量为 e^* 的上一代成年人有足够储蓄可以借给下一代儿童（即 $s^E \geq b^E$ ）的情况下，其所有后代人都成为无流动性约束受教育者才有可能，其所有后代人都达到最大化效用水平 V^E 的循环往复情况才能实现；

第二，只有在无流动性约束受教育者的一生最大化效用水平不低于未受教育者的一生最大化效用水平（即 $V^E \geq V^U$ ）的情况下，其所有后代人在儿童时期才会选择接受教育。

在 $B=0$ 的特殊情况下（即接受教育不能增加额外效用的情况下），$V^E \geq V^U$ 可进一步变换成 $s^E \geq s^U$ ①，再进一步变换为：

$$-e^* + \frac{w(e^*)}{1+r} \geq w + \frac{w}{1+r} \quad (4.2.2\text{–}7)$$

这就是说，一个人只要在儿童时期选择接受教育所带来的未来工资收

① $V^E \geq V^U$ 进一步变换为 $3\log_a^{s^E} \geq 3\log_a^{s^U}$ ，可得 $s^E \geq s^U$ 。

入净现值，大于直接工作所带来的工资收入净现值，就会选择接受教育。

对于在 $B>0$ 的更为一般情况，$V^E \geq V^U$ 即 $3\log_a^{s^E}+B \geq 3\log_z^{s^U}$。也就是说，$s^E < s^U$ 情况有可能出现。

4.2.3 存在流动性约束受教育者的效用最大化

若 t 代人在儿童时期选择接受教育，却又不能从上一代（即 $t-1$）成年人那里借入足够的、合意的资金用于儿童时期的消费和教育投资，那么我们就可以简称这个人为“存在流动性约束受教育者”。假设该存在流动性约束受教育者在儿童时期只能从家庭中上一代成年人那里借入 $\bar{b}_t$（$\bar{b}_t < b^E$）数量资金，以用于儿童时期的消费和 e_t 数量教育投资；该存在流动性约束受教育者在成年时期获得工资收入为 $w(e_t)$，该工资收入除了用于消费支出以外，还要偿还其儿童时期向上一代成年人借入资金的本金和利息，剩余部分 s_t 用于储蓄；在老年时期，该存在流动性约束受教育者用于消费的资源等于成年时期储蓄的本金和收益。该存在流动性约束受教育者一生效用函数可以表示为：

$$U_t^C = \log_a^{(\bar{b}_t - e_t)} + \log_a^{(w(e_t)-(1+r)\bar{b}_t - s_t)} + \log_a^{((1+r)s_t)} + B \qquad (4.2.3\text{–}1)$$

求出方程（4.2.3–1）关于 $\bar{b}_t$、e_t 和 s_t 的一阶偏导数，并使之分别为 0，得到如下方程组：

$$\frac{\partial U^C}{\partial e_t} = -\frac{1}{\bar{b}_t - e_t} + \frac{w'(e_t)}{w(e_t)-(1+r)\bar{b}_t - s_t} = 0 \qquad (4.2.3\text{–}2a)$$

$$\frac{\partial U^C}{\partial s_t} = -\frac{1}{w(e_t)-(1+r)\bar{b}_t - s_t} + \frac{1}{s_t} = 0 \qquad (4.2.3\text{–}2b)$$

根据（4.2.3–2a）和（4.2.3–2b），我们可以得到：

$$w'(e_t) = \frac{w(e_t)-\bar{b}_t(1+r)}{2(\bar{b}_t - e_t)} \qquad (4.2.3\text{–}3a)$$

$$s_t^C = \frac{w(e_t)-\bar{b}_t(1+r)}{2} \qquad (4.2.3\text{–}3b)$$

鉴于 t 代人在儿童时期只能从上一代（即 $t-1$ 代）成年人那里借入等于该代成年人储蓄数量的资金，即 $\overline{b_t}=s_{t-1}$，以用于儿童时期的消费和教育投资，所以，从（4.2.3-3a）和（4.2.3-3b），我们可以看出，$(1+r)c_{0,t}^C<c_{1,t}^C=\frac{1}{1+r}c_{2,t}^C$ 代人儿童时期的教育投资水平和成年时期的储蓄数量都依赖于 $t-1$ 代成年人的储蓄数量。

根据上述推导结果，我们可以得到 t 代存在流动性约束受教育者在儿童时期的最优消费数量 $c_{0,t}^C$、成年时期的最优消费数量 $c_{1,t}^C$ 和老年时期的最优消费数量 $c_{2,t}^C$ 分别为：

$$c_{0,t}{}^C=\overline{b_t}-e_t \tag{4.2.3-4a}$$

$$c_{1,t}{}^C=w(e_t)-(1+r)\overline{b_t}-s_t^C=s_t^C \tag{4.2.3-4b}$$

$$c_{2,t}{}^C=(1+r)s_t^C \tag{4.2.3-4c}$$

根据（4.2.3-3b）、（4.2.3-4a）和（4.2.3-4b），我们可以推导出：

$$\frac{w'(e_t)}{1+r}=\frac{c_{1,t}^C}{(1+r)c_{0,t}^C} \tag{4.2.3-5}$$

若 t 代人在儿童时期可以从上一代成年人那里借入足够的、合意的资金用于该时期的消费和教育投资，则在最优教育投资 e^* 处，$w'(e_t)=1+r$，$c_{0,t}{}^C=\frac{1}{1+r}s_t^C$。但是，由于 $e_t<e^*$，根据基本假设（5）①，我们可以判断 $w'(e_t)>1+r$，也即（4.2.3-5）中的 $1<\frac{w'(e_t)}{1+r}=\frac{c_{1,t}^C}{(1+r)c_{0,t}^C}$。由此，根据（4.2.3-4b）和（4.2.3-4c），我们可以进一步判断出 $(1+r)c_{0,t}^C<c_{1,t}^C=\frac{1}{1+r}c_{2,t}^C$。也就是说，相比于无流动性约束受教育者来说，存在流动性约束受教育者在成年时期和老年时期，花费更大比例的收入用于消费②。

根据（4.2.3-4a）、（4.2.3-4b）、（4.2.3-4c）和（4.2.3-5），我们可以得

① 每一个人的工资收入与其对自身教育投资数量呈正相关关系，并且教育投资的边际收益递减。

② 对于无流动性约束的教育者而言，$c_0^E(1+r)=c_1^E=\frac{c_2^E}{1+r}$。

t代存在流动性约束受教育者一生最大化效用 V_t^C 为：

$$V_t^C = \log_a^{c_{0,t}^C} + \log_a^{c_{1,t}^C} + \log_a^{c_{2,t}^C} + B = 3\log_a^{s_t^C} - \log_a^{\frac{w'(e_t^C)}{1+r}} + B \qquad (4.2.3\text{–}6)$$

我们可以将 V_t^C 与 V^U 和 V^E 进行比较。t代存在流动性约束受教育者在儿童时期向 $t-1$ 代成年人借款水平和教育投资水平，以及成年时期的储蓄水平都取决于 $t-1$ 代人成年时期的储蓄水平。很明显，当 $t-1$ 代成年时期的储蓄水平 s_{t-1} 趋向于 b^E 时，e_t^C 和 s_t^C 分别趋向于 e^* 和 s^E ①。

此外，只有在 $V_t^C \geq V^U$ 的情况下，存在流动性约束受教育者才会在儿童时期选择接受教育，而不是选择工作。$V_t^C \geq V^U$ 可进一步变换为：

$$\log_a^{c_{0,t}^C(1+r)} + 2\log_a^{s_t^C} + B \geq \log_a^{c_0^U(1+r)} + 2\log_a^{s^U} \qquad (4.2.3\text{–}7)$$

对于t代存在流动性约束受教育者而言，其一生最大化效用水平取决于可从上一代成年人那里借入资金的数量 $\overline{b_t}$（等于上一代成年人的储蓄水平 s_{t-1}，即 $\overline{b_t} = s_{t-1}$），并且，随着 $\overline{b_t}$（也即 s_{t-1}）增加而增加。

我们用 $\underline{s}$ 代表上一代成年人的储蓄水平，当 B 增加时，更低的 $\underline{s}$ 便可以满足（4.2.3–7）的需要。在 B 不同的情况下，要满足（4.2.3–7），$\underline{s}$ 可以高于、等于，甚至是低于 s^U。从代际交叠的角度来说，若 $\underline{s} \leq s^U$，则即便上一代为未受教育者，下一代也可能选择接受教育，这也就意味着，家庭中总会有一些代人会在儿童时期选择接受教育；但是，若 $\underline{s} > s^U$，那么，家庭中只要有一代人是未受教育者，则其所有后代人都永远是未受教育者。

4.3 稳态

在上一节，我们分析了家庭以及家庭中的个体的行为特征。在家庭中，每一代人都会根据自己所面临的约束条件，选择效用最大化行为；而上一代人的行为又可能会对下一代人的约束条件造成影响，从而改变下一代人的行为。在本节，我们进一步分析在不同的初始约束条件下，代际交叠的家庭及家庭中的个体最终所处的状态（以下我们称这种状态为“稳态”）。

---

① 参见（4.2.2–4a）和（4.2.2–4b）。

在本模型中，鉴于上一代人对下一代人约束条件的影响是通过上一代人成年时期的储蓄水平进行的，以下，在分析代际交叠的家庭及家庭中的个体最终所处的状态之前，我们首先对成年时期储蓄水平的代际演化特征进行分析。

4.3.1 成年时期储蓄水平的代际演化特征

就对下一代人行为和一生最大化效用水平影响强弱而言，上一代人成年时期的储蓄水平存在两个阈值：

第一阈值为 $s_{t-1}=\underline{s}$，即 $t-1$ 代人成年时期储蓄水平达到 $\underline{s}$，以至于 t 代人儿童时期借入 $t-1$ 代成年人全部储蓄用于儿童时期的消费和教育投资，所达到的一生最大化效用水平，与 t 代人儿童时期选择工作所达到的一生最大化效用水平相等；

第二阈值为 $s_{t-1}=b^E$，即 $t-1$ 代人成年时期储蓄水平达到 b^E，以至于 t 代人儿童时期可以从 $t-1$ 代人借入足够的、合意的资金，以用于儿童时期的消费和教育投资。

当 $s_{t-1}<\underline{s}$ 时，t 代人儿童时期选择接受教育所达到的一生最大化效用，小于其儿童时期选择工作所达到的一生最大化效用。此时，t 代人儿童时期便不会选择接受教育。这样，t 代人的行为和一生最大化效用水平就与 $t-1$ 代人成年时期储蓄水平无关。

当 $s_{t-1}>b^E$ 时，t 代人儿童时期可以从 $t-1$ 代人借入足够的、合意的资金，以用于儿童时期的消费和教育投资。此时，t 代人儿童时期会选择接受教育。同时，t 代人的行为和一生最大化效用水平也与 $t-1$ 代人成年时期储蓄水平无关了。

当 $\underline{s}<s_{t-1}<b^E$ 时，t 代人的行为与 $t-1$ 代人成年时期储蓄水平相关，其一生最大化效用水平随着 $t-1$ 代人成年时期储蓄水平提高而增加。

在本模型中，既然上一代人对下一代人行为和一生最大化效用的影响是通过上一代人成年时期储蓄水平进行的，那么我们动态分析的核心就是成年时期储蓄水平如何在代际之间演化。我们从存在流动性约束受教育者入手，对此进行研究。考虑到成年时期储蓄水平在代际之间演化情况，我们可以将（4.2.3–3a）和（4.2.3–3b）分别改写成如下形式：

$$w'(e_t)=\frac{w(e_t)-s_{t-1}(1+r)}{2(s_{t-1}-e_t)} \qquad (4.3.1\text{–}1a)$$

$$s_t=\frac{w(e_t)-s_{t-1}(1+r)}{2} \qquad (4.3.1\text{–}1b)$$

根据（4.3.1–1a）和（4.3.1–1b），我们可以推导出在下一代人儿童时期不能够从上一代人成年时期借入足够的、合意的资金的情况（以下我们称这种情况为“存在流动性约束的情况”）下，成年时期储蓄水平在代际之间的演化特征。对（4.3.1–1b）两边求微分，可得：

$$\frac{ds_t}{ds_{t-1}}=\frac{w'(e_t)\frac{de_t}{ds_{t-1}}-(1+r)}{2} \qquad (4.3.1\text{–}2a)$$

对（4.3.1–1a）两边求微分，可得：

$$\frac{de_t}{ds_{t-1}}=\frac{3w'(e_t)-(w'(e_t)-(1+r))}{3w'(e_t)-2(s_{t-1}-e_t)w''(e_t)} \qquad (4.3.1\text{–}2b)$$

因为$w(e_t)$是严格凸的，存在流动性约束的情况下，$w'(e_t)>1+r$①，根据（4.3.1–2b），我们可以得到$0<\frac{de_t}{ds_{t-1}}<1$②。这意味着下一代人儿童时期从上一代人成年时期增加借贷的部分，部分地用于增加对教育的投资，部分地用于增加儿童时期的消费。

根据（4.3.1–2a），我们不能判断出$\frac{ds_t}{ds_{t-1}}$的符号。在存在流动性约束的情况下，$\frac{ds_t}{ds_{t-1}}$可能大于零，也可能等于零，甚至小于零。然而，我们能够

① 参见基本假定（5），$w'(e_t)>0$，$w''(e_t)<0$。在教育投资为最优e^*时，$w'(e^*)=1+r$，在存在流动性约束的情况下，$e_t<e^*$，所以，$w'(e_t)>1+r$。

② 根据（4.3.1–2b），$\frac{de_t}{ds_{t-1}}=\frac{3w'(e_t)-(w'(e_t)-(1+r))}{3w'(e_t)-2(s_{t-1}-e_t)w''(e_t)}=\frac{2w'(e_t)+(1+r)}{3w'(e_t)-2(s_{t-1}-e_t)w''(e_t)}$。因为$w'(e_t)>0$，$w''(e_t)<0$，$s_t-e_t>0$，所以，$0<\frac{de_t}{ds_{t-1}}$；又因为，2（$s_{t-1}-e_t)w''(e_t)<0$，而$w'(e_t)-(1+r)>0$，所以，$\frac{de_t}{ds_{t-1}}<1$。

确定的是，随着 s_t 趋于 b^E，$w'(e_t)$ 趋于 $1+r$，$\frac{ds_t}{ds_{t-1}}$ 最终会小于零①。

根据以上分析，我们发现，可能存在一系列不同形状的 $s_t(s_{t-1})$ 曲线，每一条曲线都伴随着一种不同类型的稳态。为了研究方便，我们将本节分析严格限定在 $s_t(s_{t-1})$ 曲线在 $s_{t-1}=\underline{s}$ 点时斜率为正，并且严格凸的情况②。

在 4.3.2 和 4.3.3 中，我们将对不同形状 $s_t(s_{t-1})$ 曲线所对应的稳态进行研究，分析“贫困陷阱”是否存在。本节所说的“贫困陷阱”，是指以下两种情况之一存在：一种是，由于上一代人在成年时期储蓄不足，以至于下一代人在儿童时期从效用最大化的角度出发，选择不向上一代人借贷、不接受教育，从而使家庭中所有后代都陷入不接受教育的稳态中；一种是，由于上一代人在成年时期储蓄水平太低，以至于代际之间徘徊于接受教育和不接受教育之间的状态中。处于“贫困陷阱”中的家庭，其后代成员一生最大化效用水平始终难以超过儿童时期选择工作的成员的一生最大化效用水平。也就是说，陷入“贫困陷阱”中的家庭成员的一生最大化效用水平处于较低状态。

4.3.2 不同储蓄水平代际演化曲线所对应的稳态

在本模型中，$t-1$ 代人（上一代人）成年时期的储蓄水平影响 t 代人（下一代人）儿童时期是选择工作还是接受教育的人生决策，进而影响 t 代人（下一代人）成年时期的储蓄水平；而 t 代人成年时期的储蓄水平，又影响其后一代人儿童时期的人生决策和成年时期的储蓄水平；如此往复。

就对 t 代人儿童时期的人生决策和成年时期的储蓄水平影响强弱而言，$t-1$ 代人成年时期的储蓄水平存在两个阈值 $\underline{s}$ 和 b^E。$t-1$ 代人成年时期的储蓄水平是处于这两个阈值之间，还是处于这两个阈值之外，对 t 代人儿童时期的人生决策和成年时期的储蓄水平影响程度是不一样的。

根据（4.2.3–7），在 B 不同的情况下，$\underline{s}$ 可以高于、等于，甚至是低于

---

① 鉴于 $0<\frac{de_t}{ds_{t-1}}<1$，并且，随着 e_t 趋向于 e^*，$w'(e_t)$ 趋向于 $1+r$，所以，根据（4.3.1–2a），我们可以推导出 $\frac{ds_t}{ds_{t-1}}$ 最终会小于零。

② 如果我们不对此进行限定，情况会复杂得多。

s^U。$\underline{s}$ 与 s^U 关系的不同很可能影响下一代人儿童时期的人生决策和成年时期的储蓄水平。

由此，我们首先将 $s_t(s_{t-1})$ 曲线分为五种形态，即第一阈值和第二阈值都在 45° 线之上的形态；第一阈值在 45° 线之上，第二阈值在 45° 线之下的形态；第一阈值在 45° 线之下，第二阈值在 45° 线之上的形态；部分曲线在 45° 线之上，但第一阈值和第二阈值都在 45° 线之下的形态；全部曲线都在 45° 线之下的形态。此外，对于每一种曲线形态，$\underline{s}$ 与 s^U 关系可以分为 $\underline{s} < s^U$ 和 $\underline{s} > s^U$ 两种类型。以下，我们对这五种形态十种类型的 $s_t(s_{t-1})$ 曲线所对应的稳态进行研究。

（1）第一阈值和第二阈值都处于 45° 线之上的 $s_t(s_{t-1})$ 曲线形态

曲线开始于 $s_{t-1} = \underline{s}$ ①，然后逐渐延伸至 $s_{t-1} = b^E = e^* + c_0^E$。在 s_{t-1} 处于 $\underline{s}$ 和 b^E 之间，随着 s_{t-1} 的提高，t 代人的福利水平是单调递增的。这种曲线形态又可以分为 $\underline{s} < s^U$ 和 $\underline{s} > s^U$ 两种类型，我们分别进行分析。

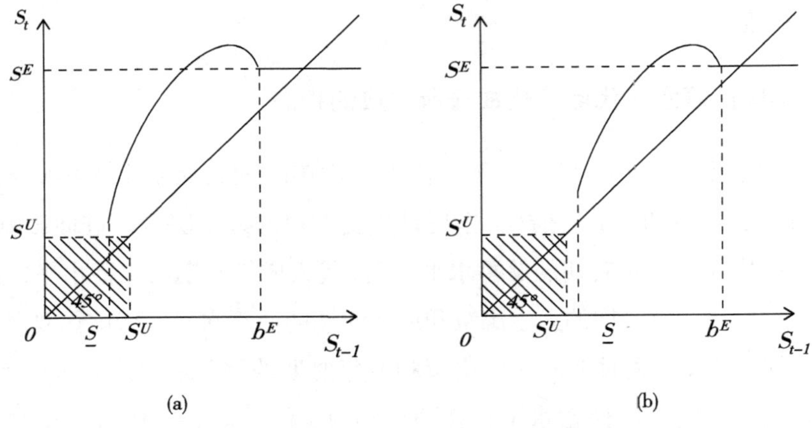

图 4–1　曲线在 45° 线之上的两种稳态

a．$\underline{s} < s^U$ 类型

如图 4–1 中（a）所示，我们可以发现，即便家庭中最初成员是未受教育者，其成年时期的储蓄水平也超过 $\underline{s}$，这使得下一代成员儿童时期选择接受教育，成年时期储蓄达到更高水平，一生最大化效用也达到更高水平。

① $s_{t-1} = \underline{s}$ 是满足 4.2.3–7 的最小储蓄水平。

如此往复，最终，数代之后，一位家庭成员成为无流动性约束受教育者。从此以后，其所有后代都成为无流动性约束受教育者，家庭成员在儿童时期都从上一代借入 b^E 数量资金，并在成年时期储蓄 s^E 数量资金。另外，即便上一代人成年时期储蓄数量超过 b^E，下一代人儿童时期也只会借入 s^E 数量资金，这在图中表现为 s_{t-1} 超过 b^E 之后，$s_t(s_{t-1})$ 曲线呈水平线。

在这种曲线类型情况下，最终，所有家庭成员都能够在较高的一生最大化效用水平（$s_{t-1}=b^E, s_t=s^E$）处实现稳态，"贫困陷阱"不存在。

b．$\underline{s}>s^U$ 类型

如图 4-1 中（b）所示，我们可以发现，一旦家庭中最初成员成年时期储蓄水平达到 $\underline{s}$，下一代成员儿童时期便会选择接受教育，成年时期储蓄达到更高水平，一生最大化效用也达到更高水平。如此往复，最终，数代之后，一位家庭成员成为无流动性约束受教育者。从此以后，其所有后代都成为无流动性约束受教育者。

但是，若家庭中最初成员成年时期储蓄水平小于 $\underline{s}$，则其所有后代成员在儿童时期都会选择工作。

在这种曲线类型情况下，若家庭中最初成员成年时期储蓄水平大于 $\underline{s}$，最终，所有后代都能够在较高一生最大化效用水平（$s_{t-1}=b^E, s_t=s^E$）处实现稳态，"贫困陷阱"不存在；若家庭中最初成员成年时期储蓄水平小于 $\underline{s}$，最终，所有后代都会在较低的一生最大化效用水平（$s_{t-1}=s^{\mathrm{U}}, s_t=s^U$）处实现稳态，"贫困陷阱"存在。

（2）第一阈值在 45° 线之下，第二阈值在 45° 线之上的 $s_t(s_{t-1})$ 曲线形态

曲线开始于 $s_{t-1}=\underline{s}$，位于 45° 线之下；然后曲线逐渐延伸至 $s_{t-1}=y$，与 45° 线相交；此后，曲线逐渐延伸至 $s_{t-1}=b^E=e^*+c_0^E$。在 s_{t-1} 处于 $\underline{s}$ 和 b^E 之间，随着 s_{t-1} 的提高，t 代人的福利水平是单调递增的。这种曲线形态又可以分为 $\underline{s}<s^U$ 和 $\underline{s}>s^U$ 两种类型，我们分别进行分析。

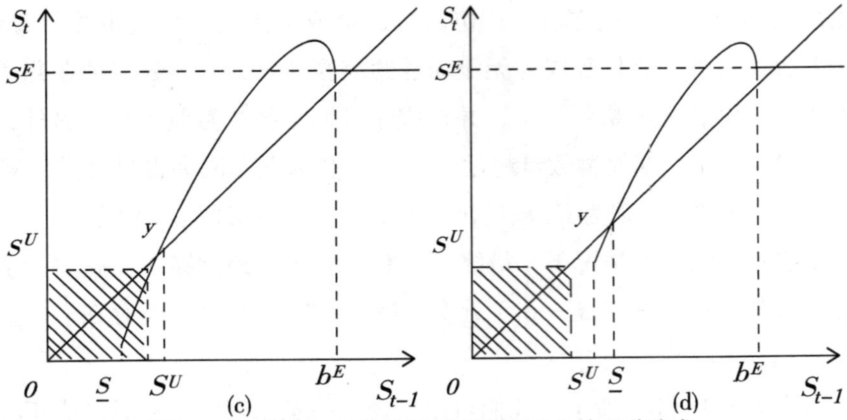

图 4-2 曲线与 45° 线的关系先下后上的两种稳态

c．$\underline{s} < s^U$ 类型

如图 4-2 中（c）所示，我们可以发现，若家庭最初成员成年时期储蓄水平超过 y，代际间行为演化与曲线形态（1）中 $s_{t-1} > \underline{s}$ 部分演化状况类似，最终，家庭中所有成员都成为无流动性约束受教育者。

若家庭中最初成员成年时期储蓄水平处于 s^U 和 y 之间，下一代成员儿童时期选择接受教育，但其成年时期储蓄水平小于上一代成员成年时期的储蓄水平。如此往复，数代之后，家庭成员成年时期储蓄水平会持续处于 $s_{t-1} \le s^U$ 状态，家庭成员在儿童时期可能选择工作，也可能选择接受教育，但不可能出现连续两代家庭成员在儿童时期都选择接受教育的情况[①]。

若家庭中最初成员成年时期储蓄水平处于 $\underline{s}$ 和 s^U 之间，下一代成员儿童时期选择工作。其后代家庭成员成年时期储蓄水平会持续处于 $s_{t-1} \le s^U$ 状态，家庭成员在儿童时期可能选择工作，也可能选择接受教育，但不可能出现连续两代家庭成员在儿童时期都选择接受教育的情况。

在这种曲线类型情况下，若家庭中最初成员成年时期储蓄大于 y，最终，所有家庭成员都能够在较高一生最大化效用水平（ $s_{t-1} = b^E, s_t = s^E$ ）处实现稳态，“贫困陷阱”不存在；若家庭最初成员成年时期储蓄小于 y，最

① 家庭成员若选择接受教育，则其下一代成员成年时期储蓄数量便会小于 s^U。这样，若下一代家庭成员也选择接受教育，则其一生最大化效用水平便会小于未受教育者的效用水平。从效用最大化的角度出发，下一代家庭成员便不会选择接受教育。家庭中不可能出现连续两代成员都在儿童时期选择接受教育的情况。

终，家庭成陷入“贫困陷阱”。

d . $\underline{s} > s^U$类型

如图 4–2 中（d）所示，与曲线形态c类型类似，若家庭中最初成员成年时期储蓄水平超过y，最终，所有家庭成员都成为无流动性约束受教育者。

若家庭中最初成员成年时期储蓄水平处于$\underline{s}$和y之间，下一代成员儿童时期选择接受教育，但其成年时期储蓄水平小于上一代成员成年时期的储蓄水平。如此往复，数代之后，家庭成员儿童时期选择工作，成年时期储蓄水平会稳定于$s_{t-1} = s^U$水平。

在这种曲线类型情况下，若家庭中最初成员成年时期储蓄大于y，最终，所有家庭成员都能够在较高一生最大化效用水平（$s_{t-1} = b^E, s_t = s^E$）处实现稳态，“贫困陷阱”不存在；若家庭最初成员成年时期储蓄小于y，最终，家庭陷入“贫困陷阱”。

（3）第一阈值在45° 线之上，第二阈值在45° 线之下的$s_t(s_{t-1})$ 曲线形态

曲线开始于$s_{t-1} = \underline{s}$；然后曲线逐渐延伸至$s_{t-1} = x$，与45° 线相交；此后，曲线逐渐延伸至$s_{t-1} = b^E$。在s_{t-1}处于$\underline{s}$和b^E之间，随着s_{t-1}的提高，t代人的福利水平是单调递增的。这种曲线形态又可以分为$\underline{s} < s^U$和$\underline{s} > s^U$两种类型，我们分别进行分析。

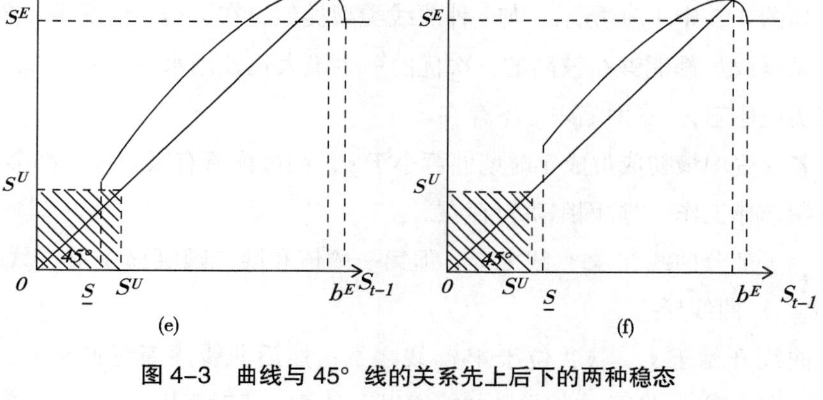

图 4–3　曲线与 45° 线的关系先上后下的两种稳态

e．$\underline{s}<s^U$类型

如图 4-3 中（e）所示，我们可以发现，即便家庭中最初成员是未受教育者，其成年时期的储蓄水平也超过$\underline{s}$，这使得下一代成员儿童时期选择接受教育，成年时期储蓄达到更高水平，一生最大化效用也达到更高水平。如此往复，最终，数代之后，所有家庭成员都成为存在流动性约束受教育者，家庭成员在儿童时期都从上一代借入x数量资金，并在成年时期储蓄x数量资金。相对于（$s_{t-1}=x$，$s_t=x$）而言，（$s_{t-1}=b^E$，$s_t=s^E$）代表更高的一生最大化效用水平。但由于x代表家庭成员在成年时期可能积累的最高储蓄水平，家庭成员在儿童时期不可能借入超过x数量的资金，以至于所有家庭成员都不可能达到（$s_{t-1}=b^E$，$s_t=s^E$）效用水平。另外，即便家庭中最初成员（$t-1$代）拥有超过x数量的储蓄，致使其下一代人（t代）儿童时期可以借入超过x数量的储蓄，从而实现更高的一生最大化效用水平，但鉴于下一代人（t代）成年时期不会积累高于x数量的储蓄，从而导致后代（t代以后）家庭成员儿童时期不可能从上一代人成年时期借入超过x数量的资金。

在这种曲线类型情况下，不论家庭中最初成员是否是未受教育者，不论家庭中最初成员成年时期储蓄水平如何，最终，所有家庭成员都能够在较高的、次优的一生最大化效用水平（$s_{t-1}=x,s_t=x$）处实现稳态，“贫困陷阱”不存在。

f．$\underline{s}>s^U$类型

如图 4-3 中（f）所示，与e种曲线类型类似，在$\underline{s}<s_{t-1}$情况下，最终，所有家庭成员都能够在较高的、次优的一生最大化效用水平（$s_{t-1}=x,s_t=x$）处实现稳态，“贫困陷阱”不存在。

若家庭中最初成员成年时期储蓄小于$\underline{s}$，则最终所有家庭成员都会在儿童时期选择工作，“贫困陷阱”存在。

（4）部分曲线在 45° 线之上，但第一阈值和第二阈值都在 45° 线之下的$s_t(s_{t-1})$ 曲线形态

曲线开始于$s_{t-1}=\underline{s}$，位于 45° 线之下；然后曲线逐渐延伸至$s_{t-1}=y$，与 45° 线相交；此后，曲线在 45° 线以上延伸一段时间以后，再次与 45°

线相交；最后，曲线延伸至 $s_{t-1}=b^E$。在 s_{t-1} 处于 $\underline{s}$ 和 b^E 之间，随着 s_{t-1} 的提高，t 代人的福利水平是单调递增的。这种 $s_t(s_{t-1})$ 曲线形态又可以分为 $\underline{s}<s^U$ 和 $\underline{s}>s^U$ 两种类型，我们分别进行分析。

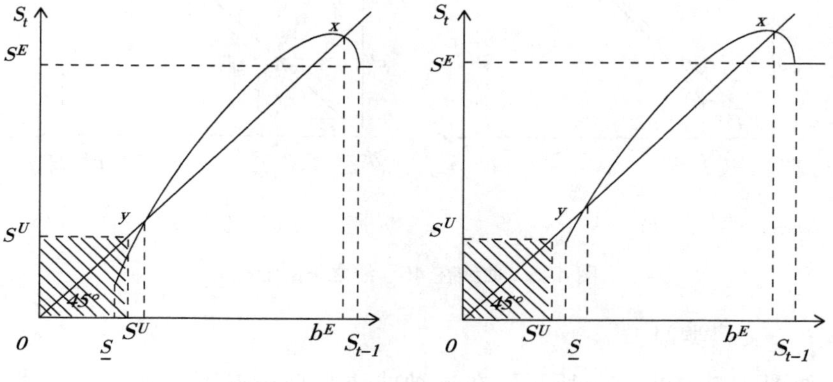

图 4-4　阈值在 45° 线之下的形态

g . $\underline{s}<s^U$ 类型

如图 4-4 中的（g）所示，在这种曲线类型情况下，若家庭中最初成员成年时期储蓄大于 y，最终，所有家庭成员都能够在较高、次优的一生最大化效用水平（$s_{t-1}=x, s_t=x$）处实现稳态，“贫困陷阱”不存在；若家庭最初成员成年时期储蓄小于 y，最终，家庭陷入“贫困陷阱”。

h . $\underline{s}>s^U$ 类型

如图 4-4 中的（h）所示，在这种曲线类型情况下，若家庭中最初成员成年时期储蓄大于 y，最终，所有家庭成员都能够在较高、次优的一生最大化效用水平（$s_{t-1}=x, s_t=x$）处实现稳态，“贫困陷阱”不存在；若家庭最初成员成年时期储蓄小于 y，最终，家庭陷入“贫困陷阱”。

（5）$s_t(s_{t-1})$ 曲线在 45° 线之下的形态

曲线开始于 $s_{t-1}=\underline{s}$，然后逐渐延伸至 $s_{t-1}=b^E$，曲线始终在 45° 线之下。在 s_{t-1} 处于 $\underline{s}$ 和 b^E 之间，随着 s_{t-1} 的提高，t 代人的福利水平是单调递增的。

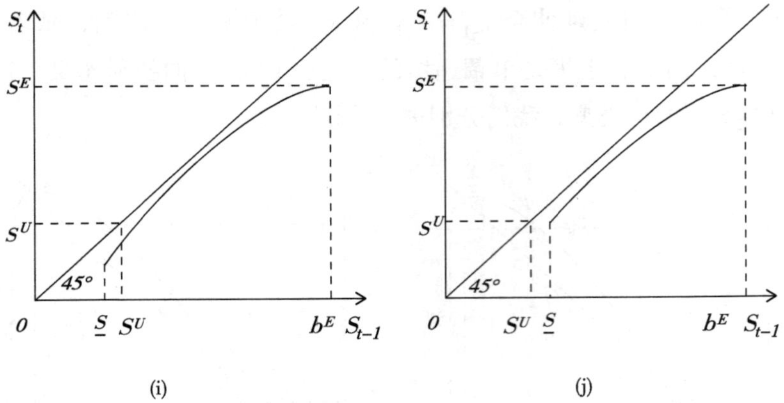

图 4–5　曲线在 45° 线之下的形态

i . $\underline{s} < s^U$类型

如图 4–5 中的（i）所示，在这种曲线类型情况下，由于下一代人成年时期储蓄水平低于上一代人成年时期储蓄水平，最终，家庭陷入“贫困陷阱”。

h . $\underline{s} > s^U$类型

如图 4–5 中的（j）所示，在这种曲线类型情况下，由于下一代人成年时期储蓄水平低于上一代人成年时期储蓄水平，最终，家庭陷入“贫困陷阱”。

4.4 模型拓展

4.3.2 中的各种稳态是在诸多限制条件的约束下得到的。在模型中，我们没有考虑政府在帮助家庭走出“贫困陷阱”、实现更高福利水平和加快代际福利水平提高速度方面的作用。在本部分，我们将政府因素考虑进来。

4.4.1 帮助陷入“贫困陷阱”家庭提高教育投入水平

在本章 4.3.2 部分，我们对不同的 $s_t(s_{t-1})$ 曲线所对应的稳态情况进行了分析。通过分析，我们发现，绝大部分家庭最终陷入“贫困陷阱”的根本原因在于，家庭的储蓄水平太低，以至于不能满足家庭走出“贫困陷阱”

所需要的最低教育投入门槛，正如我们在分析 b 、c 、d 、f 、g 、h 类型 $s_t(s_{t-1})$ 曲线的稳态时所描述的。

在这种情况下，如果政府对陷入“贫困陷阱”的家庭进行教育投入资助，就能够使这些家庭走出“贫困陷阱”。

4.4.2 为家庭教育投入担保以解决信贷市场信息不完全

本模型的一个重要假设前提是，由于信贷市场信息不完全，年轻的家庭成员不能够以其未来收入作担保，从信贷市场借入满足年轻时期消费和教育投入所需要的资金；年轻的家庭成员年轻时期满足消费和教育投入的资金只能来源于家庭储蓄①。这就导致了两个负面结果：

第一，若家庭储蓄较少，不能满足走出“贫困陷阱”所需要的最低教育投入门槛，家庭就会陷入“贫困陷阱”；

第二，即便家庭积累了一定量的储蓄，满足避免陷入“贫困陷阱”所需要的最低教育投入门槛，也需要数代人持续的增加储蓄积累，才能够实现所有家庭成员都达到较高福利水平的目标，正如我们在分析 a 、b 、c 、d 、e 、f 、g 、h 类型 $s_t(s_{t-1})$ 曲线稳态时所描述的。

如果政府能够为年轻的家庭成员作担保②，从而使其在信贷市场上借入足够的、合意的资金，以满足其年轻时期的消费和教育投入，一方面解决了年轻的家庭成员消费和教育投入严重依赖于家庭储蓄的问题，避免家庭因储蓄较少而陷入“贫困陷阱”情况的发生；另一方面也使得所有家庭成员迅速实现较高福利水平的目标。

4.4.3 提高储蓄代际积累速度

从本章 4.3.2 部分，我们可以看出，家庭是否会陷入“贫困陷阱”、家庭福利水平的提高速度，以及家庭福利水平最终能够达到的高度，很大程

① 参见 4.1 部分基本假设（4）。

② 由于各种原因，一个家庭的未来收入状况是不确定的。但是，对于大量的家庭而言，其未来平均收入水平却是确定的。政府为年轻的家庭成员作担保，不仅没有损失，而且解决了教育信贷市场的信息不完全问题。

度上取决于 $s_t(s_{t-1})$ 曲线的形状，比如，$s_t(s_{t-1})$ 曲线的第一阈值和第二阈值与 45° 线的相对位置。

如果政府能够出台一些政策，提高整个 $s_t(s_{t-1})$ 曲线在图形中的位置①，就能够减少陷入“贫困陷阱”的家庭②、增加储蓄的代际积累速度，以及提高家庭福利的稳态水平③。

从 4.4.1、4.4.2 和 4.4.3 分析，我们可以发现，政府在帮助家庭走出“贫困陷阱”、实现更高福利水平和加快代际福利水平提高速度方面的作用是巨大的。同时，政府的这些做法提高了整个社会的人力资本积累速度和水平，极大地促进整个社会的经济增长。

---

① 在 $s_t(s_{t-1})$ 图形中，表现为同样的 s_{t-1} 对应更高的 s_t，提高了储蓄的代际积累速度。根据（4.3.1–1b），$s_t=\frac{w(e_t)-s_{t-1}(1+r)}{2}$，这需要政府制定政策，提高受教育者的工资收入 $w(e_t)$ 水平。

② 例如，提高 4.3.2 中 c 和 g 中曲线的位置，进而提高曲线第一阈值的位置。提高 i 和 j 中曲线的位置，使之与 45° 线相交。

③ 例如，提高 4.3.2 中 e 、f 、g 和 h 中曲线的位置，进而提高曲线第二阈值的位置。

第五章

家庭教育投资与贫困陷阱：父母之望

贫困地区发展要靠内生动力，如果凭空救济出一个新村，简单改变村容村貌，内在活力不行，劳动力不能回流，没有经济上的持续来源，这个地方下一步发展还是有问题。一个地方必须有产业，有劳动力，内外结合才能发展。最后还是要能养活自己啊！

——习近平在河北省阜平县考察扶贫开发工作时的讲话
2012 年 12 月 29 日—30 日

脱贫是一个复杂过程，针对不同的对象、不同的贫困类型，脱贫的特征和方式也有所不同。现阶段我国尚未脱贫的贫困群体大部分都是深陷持续性贫困之中的贫困家庭，是脱贫攻坚道路上的“硬骨头”。按照精准扶贫、精准脱贫的目标和要求，以家庭为单位的微观单元表现出更为直接和详细的陷贫与脱贫特征，需要对其进行细致研究。贫困陷阱作为贫困过程中的一个特殊状态为我们的研究提供了一个分析框架，延续第 4 章教育与贫困陷阱模型的思路，家庭教育投资与家庭贫困陷阱有着重要关系。所以，本章首先结合建档立卡的贫困家庭的教育选择特征进行分析，然后结合微观数据对处于贫困陷阱之中和走出贫困陷阱两种情况进行说明。

5.1 贫困家庭的教育投资背景

在做出是否接受教育或者是否进行教育投资的选择时，家庭作为一个“理性经济人”单元，就会权衡成本与收益的问题。作为一项准公共品，教育成本按不同的分类可以分为直接成本和间接成本、个人成本和社会成本（见表 5–1）。从国家的层面，需要政府支付一定的社会成本，包括人员性经费、公务费、业务费、修缮费、折旧费等；从个人的层面，需要家庭支付个人成本，包括学杂费、住宿费、交通费、衣着费等；从机会成本的层面，社会和个人都需要考虑因投入教育而损失或者放弃的收入。

表 5–1　教育成本的分类

	个人成本	社会成本
直接成本（财务成本）	个人直接支付的教育成本：学杂费、书费、文具盒其他学习用品、额外的住宿费、交通费、衣着费等；	教育机构直接支付的教育成本：人员性经费、公务费、业务费、修缮费、折旧费；
间接成本（机会成本）	因上学而放弃的收入；个人的资金因用于教育而损失的收益；	公共资金用于教育而损失的收益；租金和税收；

目前我国教育在很大程度上受到供给约束，反映在贫困家庭的教育成本负担上，主要来自三方面：第一社会层面，国家教育经费投入不足，学校教育经费分配不均；第二个体层面，贫困家庭承受过重的教育费用，第

三，机会成本层面，表现为劳动力市场不均衡造成的贫困家庭教育投资的机会成本较高。贫困家庭在此三者的共同作用下，背负过重的教育成本，教育投入不足，从而陷入贫困陷阱。

5.1.1 国家教育经费支出

不同于其他的公共服务，教育是一项投入大、见效慢的长期工程。我国自 1986 年实施义务教育，推动实现全民义务教育，但是对于大部分的人仍然上不起学。长期以来，我国财政性教育经费不足，一直处于 3% 左右（见表5–2）[①]。教育投资的不足无形中提高了家庭或者说个人教育成本（Rong and Shi，2001；Brown and Park，2002；Yang，2007）。此外，我国自 20 世纪 80 年代以来分税制改革在一定程度上加剧了国家教育经费紧缺现象，中央教育经费不足导致地方政府各自负责财政收入，而教育收费成为地方政府财政收入的重要来源，贫困地区农村家庭教育支出负担率不断上升。

表 5–2　1992—2013 年我国教育支出和学杂费情况

年份	教育支出（十亿元 /%）			学杂费在各类学校教育的份额（%）		
	总教育支出	国家财政性教育经费	占 GDP 的比重	小学	中学	高等教育
1992	86.7	72.9	2.54	——	——	——
1995	187.8	141.2	2.41	——	——	——
1999	334.9	228.7	2.79	9.3	12.0	18.0
2000	384.9	256.3	2.87	9.2	13.5	22.0
2001	463.8	305.7	3.19	8.4	14.2	25.0
2002	548.0	349.1	3.32	8.0	14.6	26.9
2003	620.8	385.1	3.28	8.1	15.3	29.3
2004	724.3	446.6	2.79	8.0	15.4	30.7
2005	841.9	516.1	2.81	7.5	14.9	31.5
2006	981.5	634.8	3.00	4.2	12.3	29.6

① 据报载，教育经费占 GDP 的比重，世界平均水平为 4.9%，发达国家为 5.1%，欠发达国家为 4.1%。上网得知，2001 年，世界上教育经费投入最多的国家是丹麦为 7.71%，其次是韩国为 7.03%。1998 年日本已达到 6%，连菲律宾也达到 4.2%。1975 年以来的多数年份，美国教育经费总投入占 GDP 的比例保持在 7% 以上，高强度的教育投入是美国教育发展的持续动力。

续表

年份	教育支出（十亿元 /%）			学杂费在各类学校教育的份额（%）		
	总教育支出	国家财政性教育经费	占 GDP 的比重	小学	中学	高等教育
2007	1214.8	828.0	3.22	3.4	14.6	34.0
2008	1450.1	1045.0	3.33	2.2	11.6	33.9
2009	1650.3	1223.1	3.59	1.8	10.4	33.3
2010	1956.2	1467.0	3.65	1.8	9.9	30.6
2011	2386.9	1858.7	3.93	1.9	8.7	26.5
2012	2865.5	2314.8	4.28	——	——	——
2013	3036.5	2448.8	4.16	——	——	——

注：总教育支出包括国家财政性教育经费、社会教育支出、学费和由家庭支付的杂费。—– 代表数据缺失。

资料来源：国家统计局，《中国统计年鉴》，中国统计出版社，1993—2014 年。

从历年来学杂费在各类学校教育的份额来看（见表 5–2），小学阶段学杂费占比最高达到 9.3%（1999 年），直到 2009 年后才降到 1.8% 左右；中学阶段的学杂费占比最高达到 15.4%（2004 年），直到 2010 年才降到 10% 以下；高等教育阶段的学杂费占比最高达到 34.0%（2007 年），2011 年降至 26.5%。长期以来，国家教育经费不足导致家庭教育负担过重，特别是对于农村地区、贫困地区的家庭而言，过重的教育成本制约了家庭人力资本投资。此外，我国城乡差距收入水平、城乡教育水平不断扩大的背景下，针对贫困地区的教育经费短缺现象被放大，导致城乡义务教育严重不均衡，农村学校办学条件艰苦、乡村教师待遇低，这些因素又进一步恶化了贫困家庭的教育选择环境。

5.1.2 贫困家庭教育费用

我国对义务教育普遍实行了“一费制”和“两免一补”政策，有力地推动了义务教育的普及，也基本解决了贫困家庭子女“上不起学”的难题。但是，在学生实际求学过程中，由于当地财政拨款不足、学校经费紧张等，学校仍然会收取一定的费用，有的家庭为了给子女提供更好的学习条件也会主动投入一定的费用。如此一来，家庭就要额外承担一些相关的教育费用。这些费用有的是必要的支出，有的是附带的支出，也有的是不必要的乱收费。承担这些费用，对富裕的家庭不会带来较大的负担，而对于贫困家庭来说则非常沉重，有的普通家庭往往因此致贫，而原本贫困的家庭就会变得更加贫穷。

（一）学校内部的教育支出——“两免一补”之外的教育费用

“两免一补”之后，学杂费、书本费由国家和地方财政负担，并对寄宿生的生活费提供补助。但学生在校学习还要支付诸如交通费、住宿费、学习用品费、生活费等基本费用，一些地方学校还会收取校服费、班费、补课费、资料费、保险费等弹性教育费用。这些费用对于低收入家庭和贫困家庭来说是一项数额巨大的教育支出，为贫困家庭带来沉重的经济负担。

表 5–3　有在校生贫困家庭各教育阶段收入和支出情况

（单位：元）

在校生就读教育阶段	年均支出	人均纯收入
小学	1960.72	2036.74
初中	2000.40	2010.63
高中	2115.65	1887.51
大学	2496.01	1906.89

注：在我国统计机构公布的家庭支出统计指标中，家庭用于教育的支出项目通常与文化娱乐等项目合并为一类，特别是历史数据，这增加了统计分析的难度并导致数据的不可比。在贫困户建档立卡数据中，有关贫困户支出信息方面主要收集了生产经营性支出一项，这一支出情况汇报了贫困户生产情况，但从一个侧面也可以反应贫困户生活情况，故在此用之代替。

资料来源：根据建档立卡抽样数据计算所得。

扶贫办建档立卡抽样数据显示，对于有在校生的贫困家庭而言，各教育阶段的支出有着明显差异，从小学到大学，支出不断增加，从 1960.72 元增加到 2496.01 元，增长了 27.3%；对比各阶段家庭的人均纯收入却呈现下降的趋势（见表 5–3）。对于有处于义务教育阶段的在校生的贫困家庭而言，虽然支出较多但是仍在收入范围之内；但是对于有处于高中或大学的在校生的贫困家庭而言，支出明显的高于收入，直接给贫困家庭带来了严重的经济负担。

（二）学校外部的教育支出——“撤点并校”后的教育成本增加

2001 年正式开始“撤点并校”是为了调整和优化学校布局，但过度的学校撤并导致学生上学远、上学贵、上学难，其对学生及其家庭而言，却意味着教育成本的增加，尤其是加重了贫困家庭的经济负担。随着农村学校布局调整进程加快，县城内小学数量大幅度减少，全国农村小学学校数由 1995 年的 55.9 万所减少到 2014 年的 12.9 万所，20 年间减少了 76.9%，班级数从 1995 年的 309.4 万个减少到 109.7 万个，20 年间减少了 64.5%；初中学校数由 1995 年的 45626 所减少到 2014 年的 17707 所，20 年间减少了 61.2%，班级数从 1995 年的 50.9 万个减少到 16.6 万个，20 年间减少了 67.4%；高中学校数由 1995 年的 3112 万所减少到 2014 年的 667 万所，20 年间减少 78.6%，班级数从 1995 年的 2.3 万个减少到 1.5 万个，20 年间减少了 34.8%（详见表 5–4）。

表 5–4　1995—2014 农村各级教育学校数量

指标	单位	1995 年	2000 年	2011 年	2012 年	2013 年	2014 年
一、小学							
学校数	万所	55.9	44.0	16.9	15.5	14.0	12.9
班数	万个	309.4	274.6	131.2	123.6	113.9	109.7
二、初中							
学校数	所	45626	39313	20997	19408	18485	17707
班数	万个	50.9	60.1	23.2	20.3	17.8	16.6
三、高中							
学校数	所	3112	2629	848	718	708	667
班数	万个	2.3	2.9	1.9	1.6	1.5	1.5

数据来源：国家统计局农村社会经济调查司编，中国农村统计年鉴 2015[M]. 北京：中国统计出版社，2015：321。

据 2016 年北京师范大学中国扶贫研究中心 2016 年暑期“关注脱贫攻坚，积极参与精准扶贫精准脱贫”社会实践调研，在“教育开支”部分，处于义务教育阶段的在校生的学费基本为 0，但是生活费、住宿费、交通费等却成为教育开支的主要组成部分。在村级调查问卷中，针对幼儿园、小学、初中、高中学校情况进行了调研，结果显示，目前贫困村的校舍明显不足，每个村平均有一所幼儿园和一所小学，一般没有中学，对于布局分散的贫困地区而言，学校可以服务的范围无形中增大，也就增加了学生的上学成本。这些成本主要包括学生住宿费、生活费、交通费、陪读费等直接成本，以及家长每天接送孩子所增加的人力成本和生产劳动损失等间接成本。

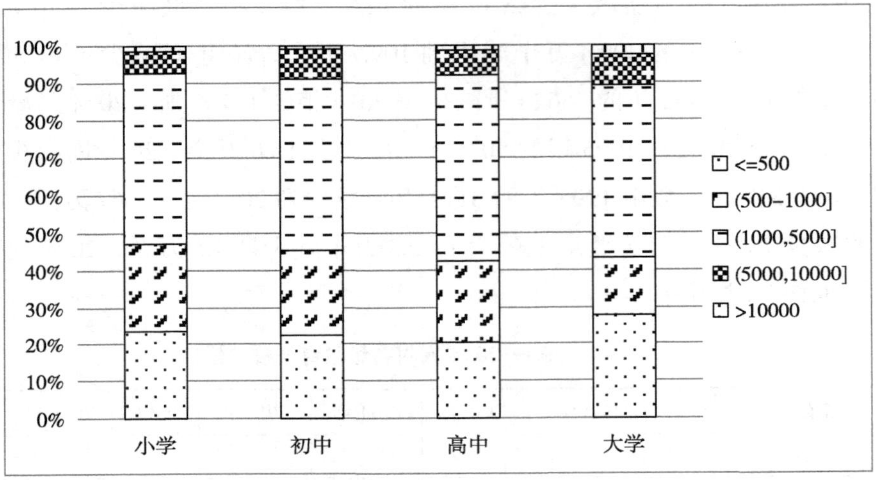

图 5–1　各教育阶段在校生年均教育支出情况

资料来源：根据建档立卡抽样数据计算所得。

扶贫办建档立卡抽样数据显示，2015 年，在义务教育阶段（小学和初中）阶段，24% 贫困家庭在校生教育支出在 500 元以下，46% 的贫困家庭在校生的教育支出在 1000–5000 元之间（见图 5–1）。如前所述，虽然我国实行了“一费制”和“两免一补”，但是，学校内部以及学校外部发生的额外费用成为贫困家庭教育支出的主要来源，而且这些项目对于贫困家庭来说，一方面数额巨大，另一方面占比较大，给贫困家庭带来了严重的负担。

5.1.3 不均衡的劳动力市场

贫困人口面临的劳动力市场有这样一个现象，好的工作没人接受，因为贫困人口所具备的条件只能够适应边缘性的工作。随着从事好的工作的人才日益短缺，这些工作的工资水平就会上涨。而由于不需要专门训练和只需有限技能的工作岗位相对于找这些工作的人的数量的增加是在减少的，这些工作的工资水平就会下降。贫困人口往往就只能从事和选择这样的边缘性工作岗位，导致工资水平很低，进一步的贫困差距也会被逐渐拉大，贫困人口在劳动力市场上丧失了竞争优势，改变命运、摆脱贫困的能力也在下降。

我国的劳动力市场还存在一种特殊现象，“大学生工资不如农民工工资”，从而引发贫困家庭的“工学矛盾”。对于一个贫困家庭而言，供养学生读书求学，一个非常实际的目的就是希望子女能够通过求学取得较好的社会地位，获得较高收入，以便摆脱贫穷。然而，随着就业市场竞争强度不断增大，就业难度越来越大，这对于社会资源稀缺的贫困家庭子女所带来的压力更加明显，他们往往找不到更高收入的工作，有的甚至“毕业即失业”。从公开数据来看，近年来大学生和农民工工资的绝对数都在增长，但是相对差距却在逐渐缩小。大学毕业生与农民工收入的差距，从2005年底约1.8倍，已经缩窄2015年的到1.2倍（见图5–2）。这对于一个贫困家庭而言，培养大学生的收益明显低于教育成本，这种预期就会影响贫困家庭的教育投资决策。

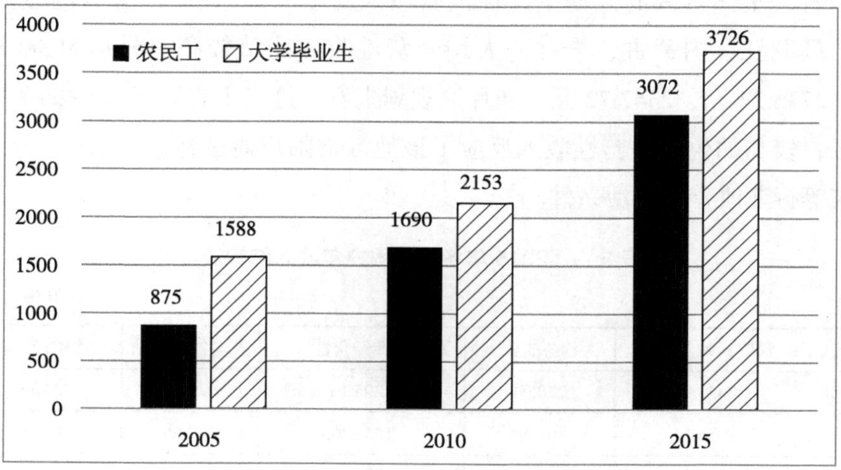

图5–2　大学毕业生和农民工工资对比

数据来源：农民工工资数据来源于2016年9月20日人社部公布数据以及《2016年中国大学生就业报告》。

5.2 陷贫家庭的教育投资特征

贫困家庭教育成本过重，导致教育投入不足，使得农村家庭陷入贫困的恶性循环之中。那么处于贫困陷阱之中的家庭表现出怎样的特征，哪些因素影响贫困家庭的教育投资，或者说贫困家庭脱贫面临哪些困境呢？本小节以国务院扶贫办“建档立卡”贫困家庭为对象，分析陷贫家庭的教育投资特征。

5.2.1 收入水平较低

根据国务院扶贫办贫困户“建档立卡”数据统计结果，截至 2015 年，全国贫困户家庭人均年收入为 2162.65 元。按照调整后[①]的贫困标准来看，这一年人均收入低于 2800 元标准的 22.76%。就各省贫困户的户均年收入来看，湖南、云南、西藏、新疆四省的贫困户人均年收入低于 2000 元，具体分别为 1682.36 元、1931.62 元、1371.20 元、1836.46 元（详见表 5–5）。这部分地区主要分布于西南少数民族地区，受地理环境、交通条件以及人文历史因素的影响，人均收入在全国处于较低水平。从人均生产性经营收入来看，全国贫困的人均生产性经营收入为 1235.37 元。从分省的数据来看，黑龙江、内蒙古、吉林的人均经营性收入均值较高，分别为 3805.85 元、2736.24 元、2347.72 元。从片区规划来看，这三个省属于大兴安岭南麓片区，较高的生产经营性收入反应了该地区贫困户通过林业、木业、工业、建筑等行业改善了生活条件。

表 5–5　2015 年各省贫困户年收入结构表

（单位：元）

地区	家庭人均年收入	人均务工收入	人均生产经营性收入	人均各类补贴	人均财产性收入
河北	2427.90	778.04	1205.13	628.40	34.13
山西	2016.32	896.68	1252.67	237.66	80.60
内蒙古	2613.72	460.25	2736.24	596.73	197.66

① 中国现行贫困标准为农民年人均纯收入 2300 元（2010 年不变价），每年根据物价指数、生活指数等动态调进行整，2015 年贫困标准上升至 2800 元。

续表

地区	家庭人均年收入	人均务工收入	人均生产经营性收入	人均各类补贴	人均财产性收入
辽宁	2403.49	479.20	1855.70	774.58	55.20
吉林	2166.28	339.39	2347.72	591.01	351.49
黑龙江	2885.22	559.01	3805.85	343.81	89.43
安徽	2098.00	698.52	940.18	712.65	97.98
福建	2362.16	1129.13	879.35	616.03	56.78
江西	2037.38	947.73	779.65	610.76	79.77
山东	2162.93	426.43	1153.58	872.41	61.10
河南	2036.29	911.80	1311.40	260.13	102.01
湖北	2159.22	994.94	921.71	466.11	59.62
湖南	1682.36	805.15	652.15	358.86	62.38
广西	2098.59	935.63	1161.71	276.04	49.67
海南	2187.75	506.55	1593.41	151.26	10.56
重庆	2291.37	1950.73	1829.25	57.19	8.45
四川	2062.90	824.84	1118.48	448.82	58.25
贵州	2100.47	933.46	1193.57	564.84	168.09
云南	1931.62	566.12	1538.91	314.98	81.12
西藏	1371.20	489.62	413.66	580.76	108.52
陕西	2225.66	1127.58	853.93	523.95	47.19
甘肃	2332.23	1138.70	1205.59	582.58	28.96
青海	2117.72	915.39	810.47	978.58	100.07
宁夏	3011.11	1381.00	1351.20	467.96	264.00
新疆	1836.46	537.74	1822.35	374.61	38.79
全国	2162.65	903.82	1235.37	462.53	77.02

注：“建档立卡”数据对全国 28 个省市区进行了贫困户信息收集，考虑本书研究对象是国家贫困标准下的贫困户，江苏、浙江、广东和新疆生产建设兵团四省（地区）未纳入本研究范围。

资料来源：国务院扶贫办信息中心。

5.2.2 家庭结构不合理

家庭结构反映在两个方面：一是家庭人口规模，另一个是家庭劳动力负担系数。前者反映了家庭数量，后者反映了家庭质量。结合 2015 年“建档立卡”贫困户数据可以发现，我国贫困地区的家庭规模主要集中在 2–4 口人，占比达到 65%，这说明我国贫困家庭规模渐趋合理，家庭规模得到了适度控制。

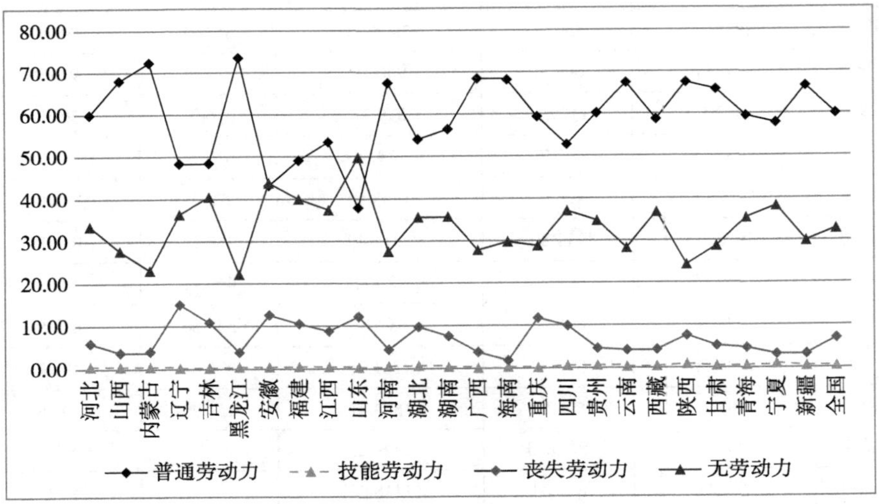

图 5–3　2015 年各省区贫困人口的分类劳动力情况（%）

但是从家庭劳动力质量情况来看并不乐观。“建档立卡”统计结果显示（见图 5–3），我国贫困人口普遍属于普通劳动力，技能劳动力很少，其中普通劳动力人数占贫困总人口数的 59.97%，而技能劳动力人数仅占贫困总人口的 0.45%。此外，无劳动的比例也较大，达到 32.67%，近三分之一水平。一方面技能劳动力短缺，另一方面无劳动力数量庞大，无疑加大了家庭劳动力的负担系数，加重了贫困家庭脱贫的难度。“通向生产力和竞争力的关键是人的技能，并使受过很好教育和培训的人在工作岗位上尽其所长”。[①] 由此可见，我国贫困家庭结构不合理主要表现在家庭劳动力质量方面，劳动力技能水平成为制约贫困家庭摆脱贫困的重要因素，也成为制约贫困家庭生产力发挥的影响因素。

我国贫困人口的劳动力数量虽然大，但是具备专业资格或者专业技能

① ［美］雷·马歇尔 & 马克·塔克著，教育与国家财富：思考生存［M］. 顾建新等译，北京：教育科学出版社，2003：5。

的还是少数，对于潜在的16岁以下的无劳动力群体而言，需要适时适度的挖掘劳动力的潜能，减少贫困地区、贫困家庭因为缺少劳动力而陷贫的概率，提升贫困家庭、贫困人口的整体的劳动力水平。

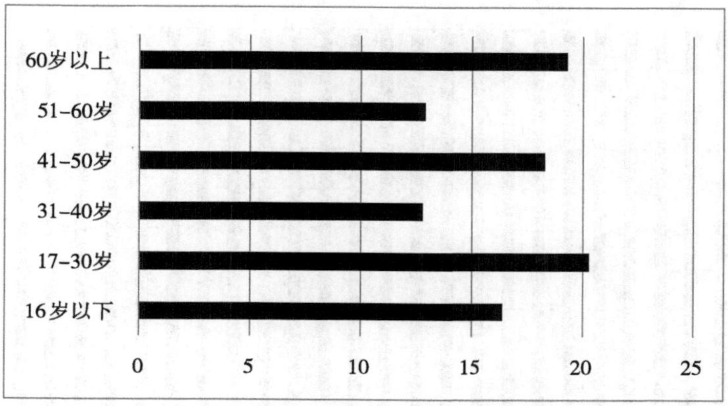

图 5–4　2015 年按不同年龄段全国贫困人口分布（%）

从2015年的贫困户“建档立卡”统计结果来看，17–30岁、60以上、41–50岁的贫困人数较多，分别占贫困总人数的20.29%、18.29%、19.30%。而16岁以下、31–40岁、51–60岁的人数其占贫困总人数的比例为16.40%、12.80%、12.90%（详见图5–4）。这说明我国贫困人口青年劳动力相对较少，儿童、老人的相对较多，反映出青年年龄组贫困人口面对“上有老、下有小”境况，无论是经济负担还是社会负担都较大。

5.2.3 文化程度偏低

贫困家庭成员的文化程度与教育脱贫直接相关，是教育脱贫的最直观表现。结合贫困户“建档立卡”数据，本部分将贫困人口按不同文化程度分为大专及以上、高中、初中、小学、文盲半文盲、学龄前等五类，图5–5显示了2015年各省区不同文化程度贫困人口占比情况。

从全国水平来看，小学和初中文化程度占比最大，分别为41.84%和30.44%，共占总贫困人口的72.28%；其次是文盲半文盲，占比为14.77%，这部分贫困人口大多是出生在新中国成立以前的老年人口，前文“贫困人口年龄分布情况”已经提到贫困人口中老年人口的比重较大，而这部分人普遍文化程度较低；具有高中文化程度的贫困人口仅占总人口的4.93%，具有大专及以上文化程度的贫困人口仅占总人口的2.24%，这说明贫困地区高等教育仍然落后。

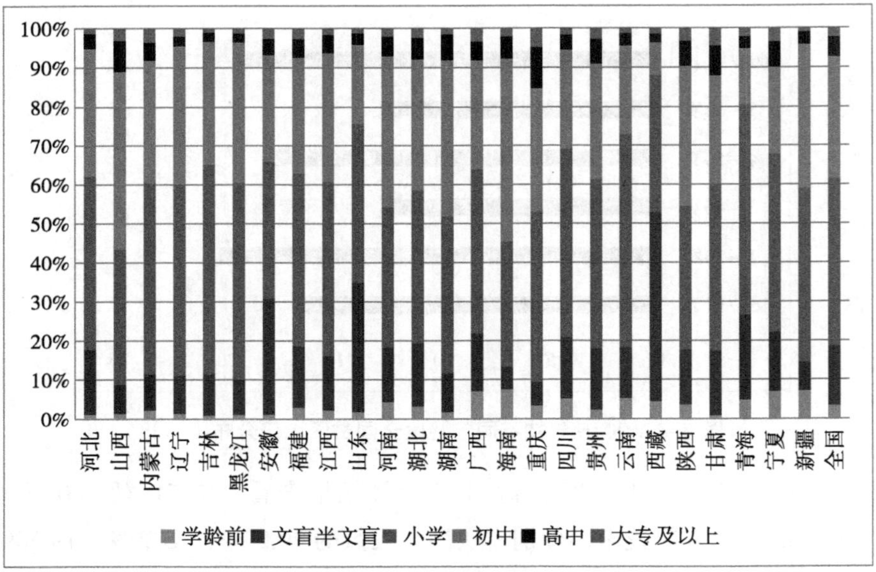

图 5-5　2015 年各省区贫困人口的文化程度情况

资料来源：根据国务院扶贫办信息中心数据绘制而得。

不同文化程度的分省区情况统计结构表现出如下特征：（1）从学龄前儿童来看，海南、广西、新疆、宁夏的占比最高，分别为7.26%、7%、6.96%和6.68%，反映出这部分地区儿童人口数较高。（2）从文盲半文盲来看，西藏、山东、安徽、青海的占比最高，分别为47.58%、32.49%、28.07%和21.34%，这部分地区文化程度普遍较低，尤其是西藏地区，近半数的贫困人口处于文盲半文盲的水平。（3）从小学文化程度来看，各省区保持在31%–55%的区间，差异不是很大，其中云南、青海、吉林、黑龙江等地区的小学文化程度的贫困人口能够在50%左右。（4）从初中文化程度来看，海南、山西、湖南、河南等地区初中文化程度较高，分别为45.34%、43.22%、37.9%和36.76%，这部分地区贫困人口完成“普九”的教育脱贫工作成效比较明显。（5）从高中文化程度来看，最高的是重庆地区，其高中文化程度比重达到了10.39%。（6）从大专及以上的文化程度来看，重庆和甘肃占比较高，分别为4.76%和4.41%。说明这些地区重视高等教育培养，提高了贫困人口的文化程度。

5.2.4 学生辍学率高

我国小学教育需要6年时间完成，初中3年时间，高中3年时间。对2015年“建档立卡”贫困户抽样分析发现，样本中62.73%的儿童是在7岁上的小学，所以分别选取7–12岁、13–15岁、16–18岁的适龄儿童对应各阶段。进一步对样本中7–18岁适龄儿童入学率进行统计发现，小学入学率比较高为96.23%，初中入学率为94.67%，高中入学率则下降为76.36%。

通过对“建档立卡”贫困家庭样本中中7–18岁适龄儿童按家庭纯收入情况进行五等分，比较不同收入组别各阶段教育情况发现（见表5–6），低收入组“过早辍学”的比例达到43.74%（最低收入组）和45.93%（中低收入组），而高等收入组“过早辍学”比例仅为1.98%；低收入组初中学生比例为34%，占同组别的三分之一，而高收入组初中学生比例为60–73%，超过同组别三分之二；高中和大专以上学生比例在各组别差距不大。这也就说明，我国贫困家庭小学和初中“九年义务教育”的实现仍然存在较大的问题，尤其是低收入家庭面临过早辍学的风险，不能顺利达到初中毕业。

表5–6 按收入五等分各教育阶段辍学和在读情况

（单位：元）

组别	过早辍学	初中	高中	大专以上
最低组	43.74%	34.29%	14.95%	7.03%
中低组	45.93%	34.07%	13.19%	7.03%
中等收入	22.42%	54.29%	17.36%	6.15%
中高收入	13.63%	60.88%	17.36%	8.35%
高等收入	1.98%	72.09%	16.04%	10.33%

资料来源：作者根据建档立卡抽样数据计算而得。

对于贫困家庭在“九年义务教育”阶段存在的较严重的辍学问题，究竟受到哪些因素的影响呢？首先，收入对于适龄子女入学有着重要影响，尤其是在存在信贷约束的情况下往往会降低对子女的教育投资，导致适龄儿童失学、辍学。我们假定家庭收入越少，辍学的概率越大；信贷约束越多，辍学的概率越大。其次，父母尤其是户主的教育水平会影响适龄子女的教育投资，而且家庭子女的个数或者说兄弟姐妹的个数也会影响教育投资决策，所以我们假定户主教育年限越高，辍学概率小；家庭规模越大，辍学的概率越大。最后，子女的个人差异所表现出来的教育选择特征不同，尤其在性别和年龄两个方面，我们假定性别为男性的辍学概率小；年龄越大的辍学概率大。

表 5–7　贫困家庭子女辍学情况的二元 Logit 回归结果

变量	（1） 系数	（2） 概率比
net_inc	–0.000221*** （–11.80）	0.9997795
credit	–0.408 （–1.76）	0.6651975
edu_hz	–0.0466* （–2.09）	0.9544478
size	0.0103 （0.21）	1.010304
male	0.0790 （0.65）	1.082238
age	0.320*** （16.78）	1.376904
_cons	–4.882*** （–11.01）	0.0075796
N	2199	
Pseudo R2	0.3016	

注：括号内为 t 值，* $p < 0.05$，** $p < 0.01$，*** $p < 0.001$

本部分利用二元 logit 模型对贫困家庭子女辍学情况进行分析，首先令“非在校生”=1，其他在读阶段的学生 =0。回归结果显示（见表 5–7），家庭收入越高，适龄孩子辍学的概率越低，并且通过显著性检验；进一步通过对变量概率比的回归结果发现，家庭收入每增加一单位，辍学概率会降低0.99。而信贷约束越高，孩子辍学的概率越低，与我们的假定不一致，也没有通过检验。

户主教育年限的回归系数为负，意味着户主受教育程度越高，孩子的辍学概率越低，且通过了显著性检验，这说明家庭中父母的教育程度会对子女的教育选择和教育投入有很重要影响。户主教育程度每增加一个单位，辍学概率会降低0.95。家庭规模回归系数为正，意味着家庭规模越大，孩子辍学概率也越高，这与预期假定一致但是没有通过检验。从个体层面来看，性别为男性的辍学概率较高，这与预期假定不一致，也没有通过检验；年龄越大的孩子辍学概率越大，并且通过显著性检验，进一步通过对变量概率比的回归结果发现，年龄每增加一单位，辍学概率会增加1.37。

5.3 家庭教育投资与陷贫脱贫的实证检验

上文对“建档立卡”贫困家庭的教育选择情况进行了描述，本小节进一步结合微观数据对贫困家庭陷贫与脱贫进行实证检验。需要说明的是，由于目前我国贫困户一般指“建档立卡”的贫困户，为了充分说明贫困户的特征，本节首先选用“建档立卡”数据进行分析。其次，为了对陷贫和脱贫两种贫困户进行对比研究，本节选用了中国家庭追踪调查数据进行实证分析。

5.3.1 贫困家庭陷贫的教育投资情况——以“建档立卡”为例

中共中央办公厅和国务院办公厅在2013年《关于创新机制扎实推进农村扶贫开发工作的意见》中提出“关于各省（自治区、直辖市）在已有工作基础上，坚持扶贫开发和农村最低生活保障制度有效衔接，按照县为单位、规模控制、分级负责、精准识别、动态管理的原则，对每个贫困村、贫困户建档立卡，建设全国扶贫信息网络系统。专项扶贫措施要与贫困识别结果相衔接，深入分析致贫原因，逐村逐户制定帮扶措施，集中力量予以扶持，切实做到扶真贫、真扶贫，确保在规定时间内达到稳定脱贫目标”。

本部分的数据来源于国务院扶贫办信息中心“建档立卡”数据库，随机抽取了甘肃、贵州、河南、安徽四省5600个贫困户，16000多个人，基本的数据信息包括贫困户家庭收入、家庭支出、生产生活条件等。这些贫困家庭是目前国家“精准扶贫精准脱贫”识别出来的贫困户，对于贫困家庭陷贫有较强的代表性。

5.3.1.1 计量模型与说明

本部分对有关贫困家庭横截面（cross-section）数据的处理和验证选取多元线性回归模型，多元线性回归模型考虑多个解释变量对被解释变量产生影响，设模型基本形式（结构式）为：

$$Y=\beta_0+\beta_1X_1+\cdots+\beta_kX_k+U$$

其中Y、$X_1\cdots X_k$为可观测或受到限制或不可观测的随机变量，Y与$X_1\cdots X_k$存在因果关系，且Y、$X_1\cdots X_k$的联合分布存在，U是不可观测的随机误差，模型中等式是严格成立的，且它是条件期望$E(Y|X)$的正确设定，则$E(U|X)=0$。

由$E(U|X)=0$，可认为U中不再含有$X_1\cdots X_k$的影响（但U中可能含有影响Y的其他因素）。又当Y有一个整体的平移，它与$X_1\cdots X_k$的变化没有关系，故模型设计加上一个反映Y整体水平调整的截距项（Unit），即从U中分离出一个不变的水平项，把Y投影到$X=(1,X_1\cdots X_k)$空间上。$\beta_k=\dfrac{\partial Y}{\partial X_k}$指的是因素$X_k$对结果$Y$的边际贡献，而$\beta_0$则是所有解释变量和误差项的水平贡献。

由于模型中设定有截距项，为避免用条件期望叙述的麻烦，我们又可以把$E(U|X)=0$的条件减弱为假定模型$E(U)=0$和$\text{cov}(X_j,U)=0$，$j=1\cdots K$。

将其改写成向量形式：$Y=X\beta+u$，这里$X=(X_1\cdots X_k)$，且$X\equiv1$，$\beta=(\beta_1\cdots\beta_k)'$。又假定我们可以获得$N$个随机样本：$\{(X_{(i)}Y_{(i)}:i=1\cdots N\}$，于是，对每一次观测，有$Y_{(i)}=X_{(i)}\beta+u_{(i)}$，$i=1\cdots N$。括号表示第几次观测，不产生混淆时省略括号，按行排列，则$Y=X\beta+u$也可认为是传统的矩阵

形式。$X=(X_1\cdots X_k)$ 是一个 $N\times K$ 的矩阵。

针对研究的内容和特性，设立方程组：

$$\mathrm{edu}_c=\beta_0+\beta_1 age+\beta_2 male+\beta_3 edu_f+\beta_4 age_f+\beta_5 sage_f+\beta_6 edu_m+\beta_7 age_m+\beta_8 sage_m+\beta_9 size+\beta_{10} linc+\beta_{11} l\exp+\beta_{12} asset+\mu$$

就被解释变量而言，本部分选取“子女的教育年限”作为家庭教育投资的代理变量，容易发现，家庭教育投资越多子女的教育年限也较高。解释变量主要涉及一个体层面，其中 age 代表年龄，一般而言，随着年龄的增大适龄子女接受的教育程度越高，也意味着相应的教育投入越多；$male$ 代表性别，受性别歧视的影响，男性的受教育程度一般高于女性。二父母层面，主要选取父母亲的年龄 age_f、age_m、$sage_f$、$sage_m$ 和受教育程度 edu_f、edu_m 几个变量，考虑受思维观念的影响，年龄越大的父母对于子女的教育投入会越少，而受教育程度越高的父母对子女的教育投入会越多。三家庭层面，家庭收入是进行教育投入的保障，较高的家庭收入对子女教育投资也会较多；家庭支出也是反映家庭经济状况的一个变量，教育作为一项投资消费行为，家庭教育支出是对子女教育的直接投资；家庭资产是家庭财富的代表，拥有的家庭资产越多可以为子女的教育投入提供有力支撑。

5.3.1.2 数据选择及描述

虽然只有一年的数据，但是却包含了很多有意义的历史信息。首先，从研究对象来看，所选取的数据全部来自于“建档立卡”贫困户，这也就将研究对象聚焦于贫困家庭和贫困人口。这部分研究对象是已经处于贫困陷阱之中的家庭，经过我国的 30 多年的扶贫攻坚，这部分剩余的贫困群体贫困程度深、陷贫时间长，他们的基本信息具有极强的代表性。

其次，从研究问题来看，贫困家庭的教育问题是一项长期工作，不是一年两年就可以解决和取得收益的，这在一定程度上增加了本书的研究困难。但是有关家庭禀赋的信息具有很强的历史性和长期性，比如父母的教育年限和以土地为代表的家庭财产在一定时期内都是固定的，这对于我们研究子女的教育问题十分重要。

第三，鉴于我们要解决是家庭教育投资问题，但是建档立卡数据中并没有“家庭教育支出”相关数据，本部分选取“子女的教育年限”作为家庭教育投资的代理变量，容易发现，家庭教育投资越多子女的教育年限也较高。我们对全部样本按文化程度进行分类，表现出如表 5–8 的特征。

表 5–8　按文化程度分样本数据特征

	文盲半文盲	小学	初中	高中	大学	合计
男性人数	1126	3386	3369	750	369	9000
比例	12.51%	37.62%	37.43%	8.33%	4.10%	100.00%
女性人数	1450	2909	2184	521	301	7365
比例	19.69%	39.50%	29.65%	7.07%	4.09%	100.00%
总人数	2576	6295	5553	1271	670	16365
比例	15.74%	38.47%	33.93%	7.77%	4.09%	100.00%
平均年龄（岁）	54	46	37	26	23	37.2

从贫困家庭的文化程度来看，全部样本中以小学文化程度的最多占比为 38.47%，大学文化程度最少为 4.09%，这说明贫困家庭的文化程度普遍较低，以小学和初中文化程度为主。进一步按性别分类，男性在初中、高中、大学三个阶段的人数比例高于同阶段女性比例，女性在文盲半文盲、小学两个阶段的人数比例高于同阶段男性的比例，这说明男性的文化程度要高于女性文化程度。从各个阶段的年龄分布来看，随着文化程度的提高，年龄在不断减小，这说明，年轻一代子女的文化程度要高于年长的父辈一代。

以上对全部样本的文化程度情况进行了描述，为了分析教育对于贫困家庭的负担情况，接下来主要考察了贫困家庭中有在校生的贫困户，旨在分析贫困家庭对于子女教育投入情况，因此挑选了样本中年龄在 6—23 岁的在校生。选取“子女的受教育年限”作为教育投资的代理变量，因为数据中没有直接代表家庭教育支出的变量和指标，子女接受的教育程度一般可以代表家庭对于教育投资水平，教育投资越多受教育水平也较高，其在校情况为：小学、初中、高中、大学，相应的文化程度分别取值为 6，9，12，16。

选取可以影响家庭教育投入水平的变量作为解释变量，主要包括个体层面的子女年龄和子女性别，家庭层面的父亲年龄、父亲受教育程度、母亲年龄、母亲受教育程度、家庭收入、家庭支出和家庭资产等。不同于子女的教育年限，此处对父母的教育情况，选取的是“教育程度”，1代表文盲半文盲，2代表小学，3代表初中，4代表高中，5代表大专及以上。需要说明的是，此处家庭资产选取的是土地作为代理变量，一方面没有直接可以表示家庭资产或财产的变量，另一方面考虑我国土地“30年不变”的政策，家庭土地资产情况可以代表贫困家庭的资产情况。考虑贫困地区地形地貌特征，此处的土地包括建档立卡数据库中每一户拥有的耕地面积、有效灌溉面积、林地面积、退耕还林面积、林果面积、牧草地面积、水面面积等。主要变量的描述性统计特征如表5–9。

表5–9　变量的描述性统计（一）

变量名称	观测值	均值	标准差	最小值	最大值
子女受教育年限	4718	6.33	3.55	0	16
子女年龄	4799	16.61	5.46	6	23
子女性别	4798	0.53	0.50	0	1
父亲受教育程度	4799	2.05	0.45	1	5
父亲年龄	4799	45.43	8.19	27	66
母亲受教育程度	4799	1.92	0.69	1	5
母亲年龄	4799	44.47	8.31	24	65
家庭收入的对数值	4721	9.14	0.64	4.31	11.18
家庭支出的对数值	4175	7.27	1.01	0.28	10.60
家庭资产	3952	20.38	20.75	0	229.86

从表5–9可以看出，贫困家庭子女受教育年限均值为6.33，也就是刚刚达到小学水平。虽然我国已经全面实施了义务教育，但是从样本中的贫困家庭来看，处于贫困陷阱之中的子女受教育水平普遍尚未达到初中毕业。由于所选样本是在校生，如果考虑其未来可能实现的预期教育，至少需要在未来三年保障贫困家庭无失学辍学现象发生，才能满足贫困家庭子女受教育年限在9以上，也就是完成九年义务教育。从父母的教育程度来看，父亲受教育程度均值为2.05，母亲教育受教育程度均值为1.92，父亲

略高于母亲。考虑1代表文盲半文盲，2代表小学水平，也就意味着父母的教育程度普遍在小学水平。从家庭收入和支出对数来看，基本满足正态分布。

5.3.1.3 回归结果和分析

表5–10显示了家庭禀赋对于在校生子女受教育情况的影响结果。第一列是使用子女个体变量进行回归分析得到的结果。结果显示，年龄和性别是决定教育水平高低的重要因素，子女年龄与受教育年限正相关，年龄越大受教育程度越大，年龄每增加一岁其教育年限相应增加0.398；而子女的性别与受教育年限负相关，男性受教育程度大于女性受教育程度，体现了男女之间在受教育机会方面的不平等。

表5–10 贫困户家庭子女受教育情况的回归结果（JDLK）

变量	被解释变量：子女受教育年限		
	（1）	（2）	（3）
子女年龄	0.398***	0.381***	0.386***
	（52.66）	（46.73）	（41.37）
子女性别	–0.183*	–0.214**	–0.216*
	（–2.22）	（–2.65）	（–2.33）
父亲受教育程度		0.103***	0.0767***
		（5.38）	（3.36）
父亲年龄		0.380***	0.387***
		（9.51）	（8.29）
父亲年龄平方		–0.00401***	–0.00406***
		（–9.21）	（–8.02）
母亲受教育程度		0.0394*	0.0527**
		（2.29）	（2.64）
母亲年龄		0.169***	0.141**
		（4.08）	（2.99）
母亲年龄平方		–0.00190***	–0.00161**
		（–4.25）	（–3.18）
家庭规模			–0.192*

续表

变量	被解释变量：子女受教育年限		
	（1）	（2）	（3）
			（-2.49）
家庭收入对数			-0.296***
			（-3.85）
家庭支出对数			0.285***
			（5.69）
家庭资产			0.0142***
			（6.04）
常数项	2.793***	-10.33***	-9.437***
	（20.24）	（-9.51）	（-6.54）
观测值	4717	4717	3478
调整后 R 平方	0.3701	0.3956	0.4246

注：括号内为 t 值，* $p < 0.05$，** $p < 0.01$，*** $p < 0.001$

第二列加入父母的变量，考虑上一代人对子女教育情况的影响，加入了父母的年龄和受教育程度。结果显示，父母的教育年限与子女教育年限呈现正相关关系，且通过检验，其中父亲的教育程度对于子女受教育年限的影响系数为 0.129，而母亲的教育程度对子女受教育年限的影响较小，为 0.037。从父母年龄来看，父亲的年龄每增加一岁其子女的教育年限增加 0.38%，母亲的年龄每增加一岁其子女的教育年限增加 0.169%。对于中国贫困家庭而言，父亲对于子女的影响显然要强于母亲。

第三列加入家庭的变量，考虑家庭规模、家庭资产和家庭收支情况对子女受教育年限的影响。从回归结果来看，并未影响整体的显著性，并且方程的解释能力得到提高，调整后的 R 平方为 0.4246。

增加后的四个解释变量：家庭规模、家庭收入对数、家庭支出对数和家庭资产均通过检验，其中家庭支出对数和家庭资产与子女受教育年限呈现正相关，说明家庭支出越多其子女的受教育年限越高，家庭资产越多其子女受教育年限越高；家庭规模与子女受教育年限呈现负相关，说明随着家庭人数的增加子女的受教育年限将会降低。需要说明一点的是，对于贫困家庭而言家庭收入与子女的受教育年限呈现负相关，这也说明了贫困家庭随着收入的增加并没有带来子女受教育年限的上升而是下降，这一方面是由于贫困家庭自身境况所决定的，另一方面也导致了贫困家庭读书无用论的恶性循环，导致子女受教育年限持续偏低，持续处于贫困陷阱之中无法脱贫。

5.3.2 贫困家庭脱贫的教育投资情况——以 CFPS 为例

5.3.2.1 数据基本特征与描述

本部分选取北京大学中国家庭追踪调查（China Family Panel Studies，CFPS）数据对家庭教育与贫困问题进行考察。CFPS 的样本覆盖 25 个省 / 市 / 自治区的家户以及样本家户的所有家庭成员，这些地区可以综合反映我国各个地区的贫困差异。所抽取的家户采用的是三阶段不等概整群抽样方法。区县、村居或街道乡镇都是按照系统 PPS（Probability Proportionate to Size Sampling）抽样方式依次抽取。对入选的样本村数据按照等距抽样方式抽取一定的家庭户样本，对这些家庭户样本进行详细的问卷跟踪调查，记录家庭基本信息。经 2010 年基线调查界定出来的所有基线家庭成员成为永久追踪对象，构建家户的微观面板数据。

表 5–11　按收入五等分家庭主要特征情况

收入五等分	子女受教育年限	父亲受教育程度	母亲受教育程度	家庭规模	家庭人均收入	家庭人均支出	收支比
最低组	5.61	2.24	1.83	5.61	1523.76	3994.11	3∶8
中低组	6.42	2.45	2.04	4.83	3426.21	5123.01	2∶3
中等组	6.95	2.63	2.27	4.45	5523.24	5750.89	1∶1
中高组	7.74	2.94	2.59	4.17	8954.22	9227.66	1∶1
高等组	8.83	3.51	3.22	3.70	19288.74	18520.94	1∶1

注：表中数据是分别为各组的均值。

上一节 5.3.1 中使用的数据是建档立卡的贫困户数据，可以被直接视为处于贫困陷阱之中的家庭。出于研究的目的和需要，首先将儿童、成人、家庭三级数据集进行合并，主要保留年龄在 6–27 岁的子女，并删除缺失值和异常值，最后总共有 7404 户的数据。其次需要对 CFPS 的家庭贫困情况进行划归，分别考察贫困和非贫困两个群体（也即处于贫困陷阱之中和走出贫困陷阱）的家庭特征。通过对 7404 户家庭按照收入五等分分类，表现出如表 5–11 的特征。

总体上来看，随着收入等级的上升，子女的教育年限、父亲受教育程度、母亲受教育程度和家庭人均收入、支出呈现不断提高的现象，家庭规模呈现逐渐减小的现象。首先，子女的教育年限在最低组是 5.61，也就是没有完成小学教育，从中低收入开始子女的受教育年限开始超过 6，一直到高等收入组达到 8.83，也就是基本完成九年义务教育的水平。当然这里面还需要考虑我们的样本选取是 6–27 岁的子女，一方面是因为大于 27 岁的子女一般已经成家，另一方面这也造成子女的受教育年限在一定程度上被低估，因为部分子女是在校生，其教育年限在未来是会提高的。

其次，再来看父母的受教育程度，不同于子女的受教育年限，父母的受教育程度是他们已经取得的最高学历情况，不存在被低估或者变动的情况。此处没有采用“教育年限”这个指标，一方面是因为 CFPS 数据库中提供的原始数据就是汇报的最高学历，另一方面考虑父母这一代教育状况与子女存在差异，如小学五年制、夜校、函授等，所以，两代人没有采用相同的变量，但这并不影响我们的分析。从结果来看，母亲的受教育程度普遍低于父亲的教育程度，低收入组的受教育程度低于高收入组的文化程度。纵向来看，父亲在各收入组已经达到了小学文化程度以上（2.24），到高收入组达到了初中文化程度（3.51）；母亲在最低组的受教育程度以文盲或半文盲为主（1.83），到中低收入有所好转，也是到了高收入组达到初中文化程度（3.22）。横向来看，父、母的受教育程度作为上一代的教育资本会对下一代子女的教育投入产生直接影响，父、母的受教育程度高不仅可以提高其自身的家庭收入，而且还会增加对子女的教育支出，从表中可以清晰看出，父、母的受教育程度与家庭人均收入、支出的同向变动。

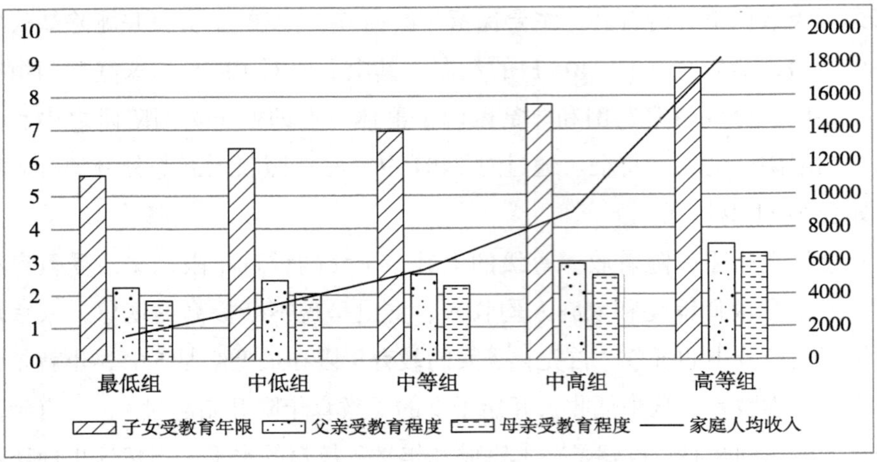

图 5-6　按收入五等分家庭教育和人均收入情况

最后，来看家庭特征，家庭规模总体保持在 3–6 的范围，其中最低收入组的家庭规模最大达到 5.61，高收入组最小 3.7。较大的家庭规模势必给家庭带来沉重的经济负担，尤其是家庭支出方面。从家庭人均收入和支出便可以看出，家庭人数的增多并没有增加家庭收入，而是家庭规模越大家庭人均收入越低；与之形成对比的是，家庭规模较大的低收入组的人均支出却非常高，远远大于人均收入。进一步计算五组收入的收支比可以看出，低收入组的收支比达到 3∶8，中低收入收支比为 3∶5，直到中等收入组收支比的差距才得到缓解。这也就说明，低收入组收入水平低但是支出水平并不低，尤其是在家庭规模较大时，巨大的家庭支出给原本并不富裕的家庭雪上加霜。

但是，另一方面，我们需要看到，在高收入组，子女的教育年限、父母的教育程度累积到初中（或者说教育年限为 9）左右时，收入较前一组（中高组）提高了 1.15 倍（见图 5–7），增长幅度是五组里面最大的。这也就是说，家庭教育程度如果达到初中水平，将会有效提高家庭收入水平，此时贫困家庭可以实现脱贫。

5.3.2.2 处于贫困陷阱中的家庭教育情况

为了进一步分析家庭教育与贫困陷阱进入和退出的关系，本书将分别考察处于贫困陷阱之中和走出贫困陷阱的两组家庭的子女教育情况。从第 4

章的理论模型和5.2的分析可知，处于贫困陷阱之中的家庭资产（储蓄）不足、收入水平不高、父母教育水平较低，这些因素不利于下一代子女的教育发展，教育投入不足使得家庭处于贫困陷阱恶性循环之中。本小节结合CFPS2010的数据做进一步验证，基本模型和上一小节对“建档立卡”贫困家庭进行检验的模型一致，仍然采用基于横截面数据的多元线性回归模型。

表5-12　处于贫困陷阱中家庭变量的描述性统计

变量	观测值	均值	标准差	最小值	最大值
子女受教育年限	3354	6.2534	3.7453	0	17
子女年龄	3354	14.74359	5.847181	6	27
子女性别	3354	0.50537	0.5000	0	1
家庭规模	3354	4.855098	1.496151	1	10
父亲年龄	3354	42.41264	6.971864	24	77
父亲受教育程度	3255	2.369278	1.001555	1	6
母亲年龄	3354	41.1452	7.45725	21	76
母亲受教育程度	3262	1.96168	0.9684077	1	6
父母受教育程度	3198	4.330519	1.660752	2	11
家庭人均收入对数	3354	7.73949	0.71216	0.5108	8.5165
家庭人均支出对数	3106	9.71214	0.71542	5.1929	12.7
家庭资产	3354	6.49031	10.60204	0	305.1

从表5-12可知，子女的受教育年限均值在6.25，标准差保持在3.74，这与上一节建档立卡数据中贫困户的子女受教育年限均值在6.33，标准差为3.55基本一致，这也再次反映出我国贫困家庭子女教育水平较低的现状，基本上只能达到小学水平，适龄儿童可能面临失学或者辍学的风险。再来看反应父母的变量，父亲的教育程度均值为2.36，母亲的教育程度均值1.96，大致处于小学水平。本部分加入家庭规模、父母受教育程度之和、家庭是否有成员外出打工作为家庭代理变量。采用最小二乘回归，结果如下表所示。

表 5–13　处于贫困陷阱中家庭子女教育影响情况（CFPS）

	（1）	（2）	（3）
子女年龄	0.468***	0.395***	0.473***
	（62.00）	（34.71）	（60.03）
子女性别	0.0850	−0.0027	−0.0062
	（0.96）	（−0.03）	（−0.07）
家庭规模		−0.161***	−0.235***
		（−5.48）	（−7.28）
父亲受教育程度		0.346***	
		（7.34）	
父亲年龄		0.018	
		（1.21）	
母亲受教育程度		0.267***	
		（5.43）	
母亲年龄		0.072***	
		（4.57）	
父母双亲教育程度			0.286***
			（10.22）
家庭人均收入			0.126*
			（1.94）
家庭人均支出			0.314***
			（4.65）
家庭资产			−0.00276
			（−0.67）
常数项	−0.692***	−3.820***	−4.803***
	（−5.41）	（−10.27）	（−6.74）
观测值	3354	3212	2962
调整后的 R 方	0.5340	0.5883	0.5807

注：括号内为 t 值，* $p < 0.05$，** $p < 0.01$，*** $p < 0.001$

从表 5–13 可知，与 5.3.1 中的回归结果基本一致：子女年龄与子女的受教育年限正相关，子女性别与子女的受教育年限负相关；父、母的受教育程度与子女的受教育年限正相关；家庭人均支出与子女的受教育年限正相关。在此不详细赘述。但是与 5.3.1 不同的是，家庭人均收入与子女的受教育年限呈现正相关，也就是说随着收入的提高，子女的受教育年限随之提高。与建档立卡贫困户中，家庭资产与子女的受教育年限呈现正相关，但是没有通过检验。考虑近年来农村家庭外出务工成为重要收入来源，引入“家庭是否有人外出务工”作为解释变量，但是从回归结果来看“是否有人外出务工”显著性不强，缺乏解释力。

5.3.2.3 走出贫困陷阱的家庭教育情况

本节重点分析走出贫困陷阱的家庭教育情况，由于走出贫困陷阱是一个动态过程，对于贫困家庭从陷贫到脱贫进行持续跟踪更能直接说明问题。但是限于数据样本的特征，本部分选取家庭人均收入 5000 元的非贫困家庭代替，其基本数据特征下表 5–14 所示。

表 5–14　变量的描述性统计（二）

变量	观测值	均值	标准差	最小值	最大值
子女受教育年限	3963	8.013121	4.54828	0	19
子女年龄	3963	16.39591	6.429162	6	27
子女性别	3963	0.5493313	0.4976233	0	1
家庭规模	3963	4.031794	1.342618	1	10
父亲年龄	3963	43.74666	6.735758	25	66
父亲受教育程度	3890	3.07892	1.20242	1	8
母亲年龄	3963	42.80999	7.428745	21	58
母亲受教育程度	3905	2.750832	1.264117	1	8
父母双亲受教育程度	3859	5.83545	2.212793	2	15
家庭人均收入对数	3963	9.310345	0.6182153	8.5173	12.866
家庭人均支出对数	3695	10.42244	0.7134827	7.0984	13.657
家庭资产	3963	4.33187	20.64102	0	1003

由上表 5–14 可知，非贫困户的子女受教育年限均值在 8.01，也就是初中二年级水平，父母的受教育程度的均值分别在 3.08 和 2.75，也就是初中左右，这几个变量值均高于处于贫困陷阱之中的家庭。前文已经提及，如果上一代的教育水平高，对其子女的教育投入也就会更多。因为父辈如果接受了较高的教育，其收入一般会较高，在面对各种风险冲击时会有更多选择，可以有效保障或增加子女教育投资的可能性，从而使得子女拥有较

高的教育水平，进一步增加家庭收入。

表 5–15 走出贫困陷阱的家庭子女教育影响情况（CFPS）

变量	（1）	（2）	（3）
子女年龄	0.588***	0.495***	0.587***
	（94.08）	（48.36）	（84.98）
子女性别	–0.254**	–0.280***	–0.241**
	（–3.15）	（–3.71）	（–3.06）
家庭规模		–0.287***	–0.317***
		（–9.81）	（–9.66）
父亲教育程度		0.198***	
		（5.07）	
父亲年龄		0.0162	
		（0.93）	
母亲教育程度		0.351***	
		（9.21）	
母亲年龄		0.0996***	
		（5.71）	
父母双亲教育程度			0.253***
			（12.56）
家庭人均收入			–0.0306
			（–0.38）
家庭人均支出			0.110
			（1.61）
家庭资产			–0.00722***
			（–3.95）
常数项	–1.493***	–5.309***	–2.276**
	（–12.69）	（–14.60）	（–3.14）
观测值	3963	3860	3603
调整后的 R 方	0.6908	0.7408	0.7349

注：括号内为 t 值，* $p < 0.05$，** $p < 0.01$，*** $p < 0.001$

从上表 5-15 可以看出，走出贫困陷阱的非贫困家庭的子女年龄与子女受教育年限正相关，且显著性较强，表明随着年龄的增长子女受教育年限也有所增长；子女的性别与子女受教育年限负相关，通过检验，表明男性与女性之间存在教育差异和教育不平等；家庭规模与子女受教育年限负相关，显著性较强，表明家庭规模越大子女受教育年限越低；父母受教育程度与子女受教育年限正相关，显著性较强，其中母亲受教育程度的影响系数（0.351）要大于父亲（0.198）和父母双亲（0.253）的影响系数，这表明，对于家庭中母亲的文化教育程度对子女提高教育水平有较强的作用，尤其需要注意的是，这一点与上文“处于贫困陷阱之中”贫困家庭有所不同，上文中母亲受教育程度的影响系数（0.267）是低于父亲（0.346）和父母双亲（0.286）的。

再来看家庭资产性变量，首先家庭人均收入的影响系数从原来的正值变为了负值，这表明随着家庭收入的降低，子女受教育年限反而在提高，二者呈现反向变动关系，也就是说子女受教育年限的上升并没有给家庭带来收入的直接增长。这一点与前文“建档立卡”贫困户的回归结果一致。需要说明的是，由于我们选取的家庭都是有在校生的家庭，对于这部分家庭而言，如果家中有在校生也就也就意味着需要家庭收入的很大一部分要用于子女的教育投入方面，这就会造成人均纯收入不是很高。再来看家庭人均支出，其影响系数为正，也就是说随着家庭支出的增长子女的受教育年限也会增长。家庭资产表现为纬负相关性，这可能与我们选取的代理变量有关，家庭土地资产并没有转变为可用的资产，也没有发挥提高子女教育的作用。

5.3.3 贫困家庭的持续性脱贫

贫困家庭的教育投入不足导致的直接后果就是陷入贫困陷阱（poverty trap），陷入贫困陷阱之后面临一个自我强化（self-reinforcing）的恶性循环，最终导致持续性贫困。简单的逻辑是，贫困导致家庭收入水平低，进一步导致对教育的投入不足，接下来又导致家庭收入水平低，如此构成一个封闭的循环回路。这也就构成了本书的主要假说：家庭教育投入不足导致家庭陷入贫困陷阱。在此循环中，贫困家庭受人口（劳动力）、风俗习惯、生产生活方式等因素的影响，以惰性倾向（Inert tendency）为预期会进一步自我强化贫困状态。也就是说，对于教育重视不够、投入不足，将会增加家庭陷入代际贫困恶性循环的风险。

与持续性贫困不同，持续性脱贫是指贫困家庭摆脱贫困、走出贫困陷阱之后所处的稳定状态，实现非贫困的常态化（normalization）。其中的逻辑是，家庭对教育进行投资，通过教育直接作用于贫困个体，增加其人力资本的投入和累积。当教育的投资和教育资本累积达到一定的临界点或者门槛，就会打破原本贫困陷阱的恶性循环，从而摆脱贫困。在此循环中，贫困家庭对教育的投资成为关键，能否脱贫以及能否实现持续性脱贫依赖于家庭教育的投资水平，而教育投资的最大特性是需要作用于人之上。家庭教育投资以一个典型的微观视角，一方面可以精确瞄准微观个体，对有教育需求或潜在需求的贫困个体进行投资，另一方面这种投资对个体的影响和效应是长远且巨大的，它在增强贫困家庭、贫困个体自身的“造血”功能的基础上，有效提升了脱贫人口的可持续发展能力，可以实现持续性脱贫。

5.4 小结

本章通过梳理贫困家庭与贫困陷阱的互动关系，分析了贫困家庭的教育投资现状和走出贫困陷阱的可能性，归纳起来如下：

首先，贫困家庭教育投资面临诸多困境，背负较重的教育成本。表现在：第一社会层面，国家教育经费投入不足；第二个体层面，贫困家庭承受过重的教育费用；第三机会成本层面，表现为劳动力市场不均衡造成的贫困家庭教育投资的 机会成本较高。处于贫困陷阱之中的贫困家庭（“建档立卡”的贫困户）表现出来收入水平低、家庭结构不合理、文化程度偏低、学生辍学率高等特征，这些因素不仅是家庭陷贫的原因也成为影响贫困家庭脱贫的原因，造成教育投入不足，难以脱离贫困陷阱。

其次，经过实证分析发现，陷贫之中的贫困家庭子女的受教育年限普遍只在 6.33，也就是刚刚达到小学水平。虽然我国已经全面实施了义务教育，但是从样 本中的贫困家庭来看，处于贫困陷阱之中的子女受教育水平普遍尚未达到初中毕 业。由于所选样本是在校生，如果考虑其未来可能实现的预期教育，至少需要在 未来三年保障贫困家庭没有失学辍学现象发生，才能满足贫困家庭子女受教育年 限在 9 以上，也就是完成九年义务教育。脱贫的子女受教育年限在 8 年级以上水 平，接近初中水平。这也证明了贫困家庭摆脱贫困陷阱需要达到平均初中水平的 文化程度，这也就是达到了第 4 章模型中的第一阈值，由此看来需要长期实施和 落实的九年义务教育，努力达到贫困家庭摆脱贫困陷阱的第一阈值。

再次，在贫困家庭脱贫过程中，家庭自身资产并没有发挥积极作用。对于贫 困家庭、贫困人口而言其自身资本本来就具有稀缺性，如何借助外力，尤其是政 府的力量实现脱贫值得进一步研究。

最后，贫困家庭走出贫困陷阱将是一种持续性脱贫状态。持续性脱贫是指贫 困家庭摆脱贫困、走出贫困陷阱之后所处的稳定状态，实现非贫困的常态化。而贫困家庭通过教育可以走出贫困陷阱，贫困家庭对教育进行投资，通过教育直接 作用于贫困个体，增加其人力资本的投入和累积。当教育的投资和教育资本累积 达到一定的临界点或者门槛，就会打破原本贫困陷阱的恶性循环，从而摆脱贫困。

第六章

政府教育资助与脱离贫困陷阱：政府之责

越穷的地方越需要办教育，越不办教育就越穷。

——习近平《摆脱贫困》

上文的分析表明，贫困家庭脱离贫困陷阱（脱贫）需要进行教育投资，即有效的教育投资对其脱离贫困陷阱有积极作用。但是受其自身条件的限制，贫困家庭靠自身的资本难以实现突破。延续第4章模型拓展部分，如果政府对陷入“贫困陷阱”的家庭进行教育资助，就能够使这些家庭走出“贫困陷阱”。在我国，教育资助范围很广，每一个阶段分别有不同的教育资助方式和手段。本章首先介绍我国的教育资助情况，然后对国家提供免费义务教育、职业教育和国家助学贷款进行详细分析，以说明政府在贫困家庭脱贫中发挥的积极作用。

6.1 我国教育资助整体情况

6.1.1 我国教育资助体系

教育资助体系作为一项由政府主导并出资的制度，通过政策保障、资金资助等解决家庭贫困学生的上学问题，“不让一个学生因家庭经济困难而失学”。2007年我国开始构新中国成立家学生资助政策体系，目前已经形成了比较成熟完备的框架结构，建立起了以政府为主导、学校和社会积极参与的覆盖学前教育至研究生教育的学生资助政策体系，实现了“三个全覆盖”，即各个学段全覆盖、公办民办学校全覆盖、家庭经济困难学生全覆盖，特别是在高等教育阶段，实现了“三不愁”，即入学前不用愁、入学时不用愁、入学后不用愁。具体而言，从资助的阶段来看，按照学生的学习周期，将资助阶段分为学前教育、义务教育、中等职业教育、普通高中教育、本专科教育、研究生教育六个阶段，基本涵盖教育全过程。从资助的内容和方式来看，考虑学生的个体性和差异性，不同教育阶段制定了不同的资助制度。比如义务教育阶段全面免除学杂费、对家庭经济困难学生免费提供教科书和生活补助、实施营养改善计划等；本专科阶段启动国家奖助学金、国家助学贷款等“多元混合”的资助体系（见表6–1）。

表 6-1　我国教育资助不同阶段及其资助内容和方式

资助阶段	资助内容和方式
学前教育	按照“地方先行、中央补助”的原则，地方政府对经县级以上教育行政部门审批设立的普惠性幼儿园在园家庭经济困难儿童、孤儿和残疾儿童予以资助
义务教育	统一城乡“两免一补”政策，对城乡义务教育学生免除学杂费，免费提供教科书，对家庭经济困难寄宿生补助生活费。对集中连片特殊困难等地区农村义务教育阶段学生提供营养膳食补助。
中等职业教育	建立以免学费、国家助学金为主，学校和社会资助及顶岗实习等为补充的资助政策体系。
普通高中教育	建立了以国家助学金、建档立卡等家庭经济困难学生免学杂费、地方政府资助项目为主，学校和社会资助相结合的资助政策体系。
本专科教育	建立了国家奖学金、国家励志奖学金、国家助学金、国家助学贷款、基层就业学费补偿贷款代偿、应征入伍国家资助、师范生免费教育、新生入学资助、退役士兵学费资助、勤工助学、校内奖助学金、困难补助、伙食补贴、学费减免及新生入学“绿色通道”等相结合的资助政策体系
研究生教育	建立了研究生国家奖学金、国家助学金、学业奖学金、“三助”岗位津贴、国家助学贷款、基层就业学费补偿贷款代偿、应征入伍国家资助、校内奖助学金及新生入学“绿色通道”等相结合的资助政策体系

资料来源：全国学生资助管理中心，《2017 年中国学生资助发展报告》。

得益于政府构建的全面、系统、完备的学生教育资助政策体系，政府对原本信息不对称的信贷市场干预成了反贫困的一个主要方面。近年来，我国政府试图通过这一逐渐完善的教育资助体系向贫困家庭、贫困学生提供资助和贷款，解决家庭贫困学生上学难题。按照建立公共财政体制的要求，目前我国教育资助资金形成了以政府投入为主、学校为辅和社会捐助为补充的资助格局。自教育部《教育规划纲要》实施以来，各学段资助政策逐步建立健全。2012 年，我国财政性教育经费占 GDP 比重超过 4%，2017 年 4 月，财政部、教育部、人民银行、银监会印发了《关于进一步落实高等教育学生资助政策的通知》（财科教〔2017〕21 号），进一步完善高等教育学生资助政策，实现无缝衔接。2017 年，教育部党组印发《高校思想政治工作质量提升工程实施纲要》（教党〔2017〕62 号），将资助育人纳入“十大育人体系”。明确要求把扶困与扶智，扶困与扶志结合起来，建立国家资助、学校奖助、社会捐助、学生自助“四位一体”的发展型资助体系，构建物质帮助、道德浸润、能力拓展、精神激励有效融合的资助育人长效机制，实现无偿资助与有偿资助、显性资助与隐性资助的有机融合，形成“解困—育人—成才—回馈”的良性循环，着力培养受助学生自立自强、诚实守信、知恩感恩、勇于担当的良好品质。

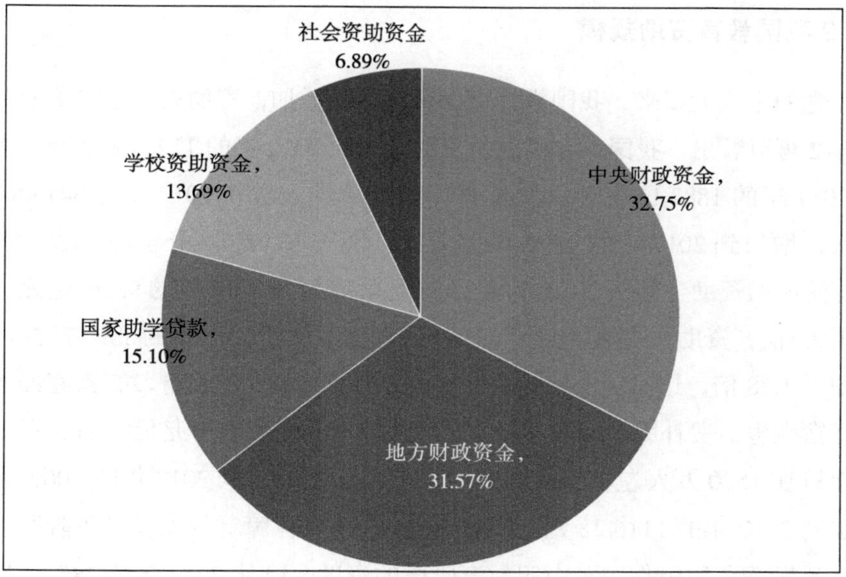

图 6–1　2017 年我国学生资助资金构成

资料来源：全国学生资助管理中心，《2017 年中国学生资助发展报告》。

据统计，2017 年全国累计资助学前教育、义务教育、中职学校、普通高中和普通高校学生（幼儿）9590.41 万人次（不包括义务教育免除学杂费和免费教科书、营养膳食补助），累计资助金额 1882.14 亿元（不包括义务教育免除学杂费和免费教科书、营养膳食补助），其中财政投入共计 1210.62 亿元。如图 6–1 所示，2017 年财政资金占当年资助资金（不含义务教育免除学杂费和免费教科书、营养膳食补助）的比例达到 64.32%，政府财政资金构成了我国教育资助体系的三分之二左右，成为学生资助的主要经费来源，可见政府在教育资助体系中发挥了主导作用。其中，中央财政投入占 2017 年资助资金总额的 32.75%；地方财政投入占 2017 年资助资金总额的 31.57%。学前教育资助财政资金投入 89.01 亿元，占学前资助资金总额的 95.50%；义务教育寄宿生生活费补助均为财政资金；中职教育资助财政资金投入 257.48 亿元，占中职资助资金总额的 70.49%；普通高中资助财政资金投入 176.19 亿元，占普通高中资助资金总额的 90.91%；普通高校资助财政投入 508.83 亿元，占普通高校资助资金总额的 48.43%。

6.1.2 我国教育资助规模

党的十八大以来，我国教育资助金额不断增加，资助人次稳步上升。从表 6–2 可以看出，我国教育资助的资助金额从 2012 年的 1126.08 亿元，增长到 2017 年的 1882.14 亿元，增长 67.14%；资助人次从 2012 年的 8413.84 万人次，增长到 2017 年的 9590.41 万人次，增长 13.98%。分学段来看，学前教育阶段的资助金额从 2012 年的 23.88 亿元增加到 2017 年的 93.20 亿元，增加了 2.9 倍，资助人次从 2012 年的 391 万人次增加到 2017 年的 889.77 万人次，增加了 1.28 倍，这对于发展儿童早期教育有重要意义；义务教育家庭经济困难寄宿生生活费补助情况基本稳定，资助金额保持在 170 亿元左右，资助人次保持在 1500 万人左右，人均资助水平不断上升，从 2012 年的 1062.37 元增加到 2017 年的 1116.22 元，增加 5.07%，这为保障贫困家庭义务阶段在校生生活发挥了积极作用；中职教育阶段的资助金额从 2012 年的 285.43 亿元增加到了 2017 年的 365.29 亿元，增长了 27.98%，人均资助水平相较于其他教育阶段是比较高，达到了 2209.18 元，这对于贫困家庭来说具有积极的引导作用，贫困家庭的子女完成义务教育之后选择职业技能学校将得到充分的保障；普通高校的资助人次达到 4275.69 万人次，人均资助水平达到 2457.47 元，分别增长 11.27% 和 72.37%，高校通过开展绿色通道、国家助学贷款、国家助学金、国家励志奖学金等资助办法，为需要帮助的学生解决了生活学习问题，帮助家庭贫困学生顺利完成学业。

表 6–2　各级教育阶段学生资助金额和资助人次（2012—2017 年）

阶段	年份	2012	2013	2014	2015	2016	2017
学前教育	资助金额（亿元）	23.88	40.55	52.77	53.61	68.18	93.20
	资助人次（万人）	391.00	330.84	387.17	457.82	619.36	889.77
	人均资助水平（元）	610.74	1225.67	1362.97	1170.98	1100.81	1047.46

续表

阶段	年份	2012	2013	2014	2015	2016	2017
义务教育	资助金额（亿元）	175.34	168.51	173.64	173.21	165.11	179.11
	资助人次（万人）	1650.46	1553.09	1485.93	1476.78	1563.83	1604.61
	人均资助水平（元）	1062.37	1085.00	1168.56	1172.89	1055.81	1116.22
中职教育	资助金额（亿元）	285.43	294.62	362.89	346.18	332.13	365.29
	资助人次（万人）	1838.11	1577.79	1783.73	1567.01	1502.66	1509.92
	人均资助水平（元）	1552.85	1867.30	2034.44	2209.18	2210.28	2419.27
普通高中	资助金额（亿元）	93.59	107.36	107.36	139.28	167.50	193.80
	资助人次（万人）	691.57	788.53	798.22	790.12	1158.47	1310.42
	人均资助水平（元）	1353.30	1361.52	1344.99	1456.99	1445.87	1478.92
普通高校	资助金额（亿元）	547.84	574.11	716.86	847.97	955.84	1050.74
	资助人次（万人）	3842.7	3724.07	4064.25	4141.58	4281.82	4275.69
	人均资助水平（元）	1425.66	1541.62	1763.82	2047.46	2232.32	2457.47
合计	资助金额（亿元）	1126.08	1185.15	1421.28	1560.25	1688.76	1882.14
	资助人次（万人）	8413.84	7995.302	8543.78	8433.31	9126.14	9590.41
	人均资助水平（元）	1338.37	1482.31	1663.53	1850.10	1850.46	1962.52

注：义务教育阶段汇报的是家庭经济困难寄宿生生活费补助政策实施情况，不包括义务教育免费教科书和营养膳食补助政策。人均资助水平由作者计算得出。

数据来源：教育部网站相关年度《中国学生资助发展报告》。

2012 年，我国财政性教育经费占 GDP 比重超过 4%，其中安排农村义务教育经费保障机制改革资金 865.4 亿元，安排“特岗计划”资金 45 亿元，安排“全面改薄”和“农村义务教育学生营养改善计划”180.14 亿元，安排“全国中小学校舍安全工程”建设资金 20 亿元，安排营养膳食补助资金 150.5 亿元①。2014 年，中央财政共安排营养改善计划资金 171.4 亿元，比 2013 年增长了 9.4%，安排集中连片特困地区国家试点补助资金 139.4 亿元，安排地方试点奖补资金 32 亿元②。《中国学生资助发展报告》显示，2015 年，

① 宗河．教育投入达 4% 目标如期实现［N］．中国教育报，2013-05-09（001）．

② 杨亮．营养改善计划试点地区补助标准从 3 元提高到 4 元［N］．光明日报，2014-11-04（006）．

全国共有1476.78万家庭经济困难寄宿生享受生活费补助政策，政策覆盖率为51.84%。其中，西部地区968.79万人，覆盖率（占该地区寄宿生总数）达79.52%；中部地区343.65万人，覆盖率29.19%；东部地区164.34万人，覆盖率36.28%。

6.1.3 我国教育资助成效

政府教育资助对于解决贫困家庭子女上学难、上学贵问题有积极作用，近年来我国贫困地区的入学率不断上升，适龄儿童入学和就学得到有效保障。国务院扶贫办建档立卡数据显示，2015年14个集中连片特困地区的学前教育毛入园率为76.24%，九年义务教育巩固率达到92.68%，高中阶段教育毛入学率达到76.23%（见下表6–3）。

教育部数据显示①，2011年起中西部地区农村义务教育阶段家庭经济困难学生生活费年生均补助标准达到小学1000元、初中1250元。2014年起营养改善计划国家试点地区营养膳食补助标准每天生均标准从3元提高到4元。目前，所有义务教育阶段学生享受国家免费教科书政策，所有农村义务教育一年级学生领到免费汉字工具书；每年1200多万学生享受家庭经济困难寄宿生生活费补助政策，3200万学生享受营养膳食补助。由此可见，我国教育资助有针对性地对贫困地区、贫困家庭、贫困学生提供了全方位、全程式的保障措施，贫困家庭教育问题得到了有效缓解。

表6–3　2015年14个连片特困地区各教育阶段入学率情况

片区	学前三年教育毛入园率（%）	九年义务教育阶段巩固率（%）	高中阶段教育毛入学率（%）
大别山区	79.80	91.68	85.10
大兴安岭南麓山区	74.26	97.35	86.13
滇桂黔石漠化区	61.61	79.64	65.47
滇西边境山区	67.87	91.92	66.84

① 关于政协十二届全国委员会第四次会议第2870号（教育类312号）提案答复的函.[EB/OL]. http://www.moe.gov.cn/jyb–xxgk/xxgk–jyta/jyta–caiwusi/201609/t20160930–282874.html

续表

片区	学前三年教育毛入园率（%）	九年义务教育阶段巩固率（%）	高中阶段教育毛入学率（%）
六盘山区	79.26	90.43	86.17
吕梁山区	84.42	93.71	83.67
罗霄山区	85.41	97.49	78.26
秦巴山区	85.32	96.14	87.03
四省藏区	69.89	90.43	71.40
乌蒙山区	59.12	82.51	55.27
武陵山区	82.27	95.60	81.87
西藏区	67.75	95.81	66.27
新疆南疆三地州	86.00	97.42	69.35
燕山－太行山区	84.44	97.37	84.39
总体	76.24	92.68	76.23

资料来源：国务院扶贫办信心中心。

此外，教育资助不仅缓解了困难学生的经济负担，而且还实现了家庭人均纯收入的提高。根据抽样调查，近87%学生（家长）认为国家资助政策确实减轻家庭经济负担，“2014年减轻博士困难学生家庭经济负担达24517.99元，硕士生13031.84元，本专科生6234.45元，普通高中生1532.36元，中职学生3089.96元，初中生（含营养餐）2690元，小学生（含营养餐）1890元，学前儿童1051.15元”[①]。数据显示，2007年我国教育资助资金规模是2006年的2.13倍（见下图6-2），不过教育资助资金投放后需要一个逐渐的发酵期和释放期，在教育资助规模稳步增长的作用下，我国贫困地区居民人均纯收入不断提升，特别是2010年之后，增速大幅一直保持在两位数。如下图6-2所示，以2010年为界，在此之前2006—2010年，人均纯收入从2006年的1928.4元增长到2010年的3272.8元，增长了69.72%，在此之后2010—2015年，人均纯收入从2010年的3272.8元增长

① 贫困生资助 让每个孩子都成才［N］. 光明日报，2015-12-10（015）.

到2010年的6717.0元，增长了105.24%。

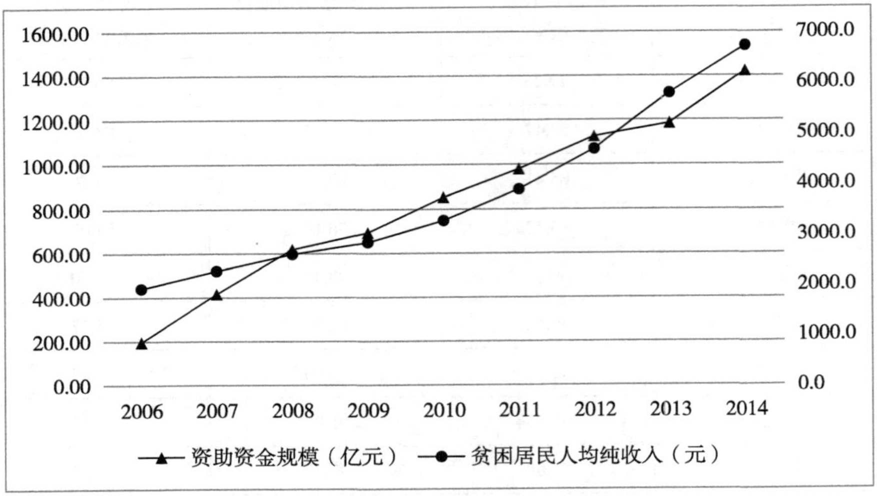

图6-2　2006—2014年我国教育资助资金规模和贫困地区人均纯收入

数据来源：相关年度《中国学生资助发展报告》和《中国农村贫困监测报告》。

6.2 各类教育资助情况及其脱贫成效

解决贫困家庭子女上学难、上学贵的难题，依靠贫困家庭自身的条件很难改善，教育作为政府可为的一项公共服务，通过构建覆盖全面、瞄准重点的教育资助体系，可以缓解贫困家庭的教育负担，从而提高贫困家庭的生活水平摆脱贫困陷阱。对于贫困家庭脱离贫困陷阱比较有效的教育资助方式有免费的义务教育、资助的雨露计划和信贷的助学贷款。

6.2.1 贫困家庭义务教育资助及其脱贫成效

我国政府在不同时期采用了不同的教育脱贫措施，如上世纪50-60年代消除成人文盲率就取得较大成功，而九年义务教育的普及与此一脉相承。作为教育资助体系的一个重要内容，能否接受并完成义务教育成为贫困家庭脱贫的关键要素。我国义务教育不同于其他阶段的教育，其所具有的免费性、义务性和公平性更加明显，也可以更直接的让贫困家庭学生受益。我国实行的义务教育可以使贫困家庭的在读学生获得九年的教育，可以满足脱离贫困陷阱第一阈值的要求，从而摆脱贫困陷阱恶性循环的束缚。我国义务教育在我国扶贫脱贫方面发挥了重要作用，主要表现在以下几个方面：

1. 从收费到免费义务教育

2006 年以前我国普遍实施的是收费义务教育制度，收费的义务教育制度导致贫困家庭教育负担沉重，原本不富裕的贫困家庭支付不起过重的教育负担，产生了贫困地区、贫困家庭上学难、上学贵现象。究其主要原因是，修改前的《义务教育法》规定“国家对接受义务教育的学生免收学费”，但对杂费未作任何规定。在相关法律和政府文件中，没有对学费和杂费进行界定，也没有对它们的区别做出过说明，在具体实施过程中，造成杂费就是学费。实际上，《关于实施〈义务教育法〉若干问题的意见》《义务教育法实施细则》对《义务教育法》不收学费的规定作了修改，形成了收费的义务教育制度[①]。

除了是否向学生收费外，各级政府如何分担义务教育经费，是义务教育财政制度的重要内容。国家统计局农村社会经济调查总队对扶贫重点县农户抽样调查发现，我国贫困地区农户的文化教育娱乐支出（主要是教育支出）成为除食物支出外的第二大支出项目，大于衣着、住房等生活必需品支出[②]（见下表 6–4）。按照以恩格尔系数[③]来反映贫富状况可知，所调查的贫困居民食物消费占比一般在 48%–58%，属于温饱范畴，这些家庭在保证基本的温饱之后才会考虑教育投入问题。从数据可以看出，在 2007 年免费义务教育以前，教育支出占扶贫重点县农村居民家庭生活消费支出的 20% 左右，这对于原本并不富裕的家庭而言确实是一项巨大的经济负担。

① 袁连生，刘泽云，我国义务教育贫困学生资助制度分析［J］. 北京师范大学学报（社会科学版）2007（5）：117–123。

② 生活消费支出包括食品消费支出、衣着消费支出、居住消费支出、家庭设备用品及服务消费、交通通讯支出、文教娱乐支出、医疗保健支出、其他商品及服务支出，本部分只选取家庭生活消费支出中的占比较大的两项。

③ 恩格尔系数则由食物支出金额在总支出金额中所占的比重来最后决定。按照国际标准，恩格尔系数在 59% 以上为贫困，50%–59% 为温饱，40%–50% 为小康，30%–40% 为富裕，低于 30% 为最富裕。

表 6-4　2002—2016 年我国扶贫重点县农村居民收入和支出情况

年份	家庭人均纯收入（元）	家庭生活消费支出（元）	食物消费支出（元）	占比（%）	文教娱乐支出（元）	占比（%）
2002	1305.2	1131.4	649.5	57.41	121.2	18.66
2003	1406.3	1220.1	655.6	53.73	137.4	20.96
2004	1585.3	1394.4	741.5	53.18	177.7	23.96
2005	1725.6	1528.5	793.2	51.89	182.2	22.97
2006	1928.4	1679.7	840.3	50.03	168.4	20.04
2007	2278.0	1931.3	980.1	50.75	114.4	11.67
2008	2610.8	2200.3	1137.2	51.68	159.1	13.99
2009	2842.1	2367.4	1155.6	48.81	167.3	14.48
2010	3272.8	2662.0	1307.7	49.12	177.4	13.57
2014	6717	5962	2201	36.92	583	9.78
2015	7543	6616	2430	36.73	671	10.14
2016	8355	7260	2573	35.44	782	10.77

资料来源：中国农村贫困监测报告。

针对此种情况，教育部于 2005 年 11 月 10 日发布《中国全民教育国家报告》，确定了“农村优先实行免费义务教育”的原则，首次明确了我国实施免费义务教育的时间表，“到 2007 年全国农村义务教育阶段家庭经济困难学生都能享受到免费教科书和住宿生活补助”。从我国农村贫困监测报告的数据可以看出（见表 6-5），在实施免费教育的 2007 年，扶贫重点县的文教娱乐支出为 114.4 元，较之前的年份有了大幅度的降低，在总支出中的占比也由原来的 20% 左右下降到 11.67%。在之后的年份中，虽然教育支出的绝对值有所增加，但是相对比例一直保持在 13% 左右，到 2014 年仅占家庭总消费支出的 9.78%。这说明免费义务教育极大减轻了贫困地区、贫困家庭的教育负担。

此外，免除义务教育阶段学生学费，一般只影响有义务教育阶段学生且在上学的农户；而且这种免除学费，并不一定直接增加农民收入。但是，如果我们将免除学费视为有义务教育阶段上学农户的教育补助，并将教育当做人力资本积累和形成的过程，它会增加受益农户的隐形或影子收入。

可见，实施免费义务教育并且加大贫困学生义务教育阶段的教育资助，同时也改善了贫困家庭的消费结构和教育观念。义务教育免费的特征，让原本不富裕的贫困家庭得到了直接的、切实的利益，这种免费是政府通过直接的财政措施给予补助，不需要受教育者还本付息。在我国，尤其是贫困地区，让贫困家庭子女得到九年的免费义务教育，可以有效的提高他们的文化水平和技能水平，形成有助于脱贫的人力资本积累，为实现脱贫打下重要基础。

表 6–5　扶贫重点县农村学生义务教育阶段的教育费用

指标名称	2002 年	2005	2007	2008	2009	2010
1. 小学教育费用（元）	312.9	307.6	271.0	261.7	286.1	346.1
其中：学杂费和书本费（元）	213.4	173.8	106.3	74.9	77.1	95.9
每个小学生教育费用支出与家庭消费支出之比（%）	9.2	6.7	4.7	4.0	4.0	4.3
2. 初中教育经费（元）	861.3	849.9	828.9	806.7	876.6	1017.4
其中：学杂费和书本费（元）	490.7	393.1	269.1	201.0	212.7	244.7
每个初中生教育费用支出与家庭消费支出之比（%）	25.4	18.5	14.3	12.2	12.3	12.7

资料来源：《中国农村贫困监测报告 2011》第 33 页。

2. 从失学到强制义务教育

贫困家庭经济困难导致大量义务教育阶段适龄学生失学或者辍学。国家统计局农村经济社会调查总队 2002 年对国家级贫困县学龄儿童进行调查，学费过高和家庭经济困难是导致儿童失学的最重要因素（占 48.6%）（见下表6–6）[①]。彼时，由于家庭资本的限制，我国贫困家庭义务教育阶段的子女失学现象十分严重。

面对贫困家庭子女如此高的失学率，我国义务教育并没有真正发挥义务和强制的作用。而教育脱贫一项重要的功能就是要发挥义务教育强制性、义务性的作用。首先是国家和政府有责任提供一定年限基础教育所需

① 资料来源：国家统计局住户调查办公室．中国农村贫困监测报告 2011［M］．北京：中国统计出版社，2011：156.

的必要投入，其次才是父母或者受教育者家庭有义务和责任保证其子女接受一定年限的教育，也即政府的责任在先，监护人的义务在后（袁连升，2007）。由于贫困家庭自身条件限制，此时就需要政府发挥作用，实施强制义务教育使适龄儿童接受并能够完成教育。

表 6–6　扶贫重点县义务教育阶段儿童失学原因

单位：%

年份	家庭经济困难	自己不愿意上学	家中缺少劳动力	其他
2002	48.6	26.1	3.2	22.1
2003	44.1	27.9	4.6	23.4
2004	42.3	27.8	4.2	25.7
2005	37.4	32.5	4.1	26.0
2006	27.4	32.5	4.9	35.2
2007	24.4	32.5	4.8	38.3
2008	19.0	33.0	4.2	43.8
2009	17.2	35.6	4.6	42.6
2010	15.6	34.7	6.2	43.5

资料来源：《中国农村贫困监测报告 2011》第 156–157 页和《中国农村贫困监测报告 2015》第 33 页。

表 6–7　扶贫重点县义务教育阶段儿童在校率和失学率

单位：%

年份	7–12 岁儿童		其中：女童		13–15 岁儿童		其中：女童	
	在校率	失学率	在校率	失学率	在校率	失学率	在校率	失学率
2002	94.9	5.1	93.8	6.2	85.4	14.6	83.0	17.0
2003	95.2	4.8	94.3	5.7	88.4	11.6	87.0	13.0
2004	95.8	4.2	95.2	4.8	90.7	9.3	90.0	10.0
2005	96.9	3.1	96.3	3.7	91.7	8.3	91.2	8.8
2006	97.0	3.0	96.9	3.1	92.9	7.1	92.8	7.2
2007	97.7	2.3	97.7	2.3	94.4	5.6	94.4	5.6
2008	97.9	2.1	97.7	2.3	95.7	4.3	95.3	4.7
2009	98.2	1.8	98.0	2.0	96.2	3.8	96.0	4.0
2010	98.3	1.7	98.2	1.8	96.8	3.2	96.7	3.3

续表

年份	7–12 岁儿童		其中：女童		13–15 岁儿童		其中：女童	
	在校率	失学率	在校率	失学率	在校率	失学率	在校率	失学率
2014	97.3	2.7	97.4	2.6	97.6	2.4	97.7	2.3

资料来源：《中国农村贫困监测报告 2011》第 156–157 页和《中国农村贫困监测报告 2015》第 33 页。

从表 6–7 可以看出，在历经几轮扶贫攻坚以及积极的教育资助政策之后，我国扶贫重点县义务教育阶段儿童在校率不断上升，失学率在不断降低，其中 7–12 岁儿童在效率从 2002 年的 94.9% 上升至 2014 年的 97.3%，13–15 岁儿童在效率从 2002 年的 85.4% 上升至 2014 年的 97.6%。这说明我国贫困地区儿童接受教育情况不断在改善。对于贫困家庭而言，在政府的资助下，因为中途辍学的比例减少到 0.3%，其中家庭经济困难或缺少劳动力的比重减少到 8.2%[①]。可见强制性的义务教育阶段为我国农村扶贫减贫做出了积极贡献。

3. 从普及到公平义务教育

在“普九”之后应该更加注重教育公平，贫困地区、贫困家庭受限于区域差异、城乡差异、社会资本差异等因素，在诸如生均公用经费、仪器设备、高级教师比例等方面存在严重不公平现象，导致贫困地区、贫困家庭在发展教育方面存在巨大的阻力，严重影响脱贫进程。进入“后普九”阶段，教育公平成为脱贫攻坚亟待解决的问题。《国家中长期教育改革和发展规划纲要（2010– 2020 年）》将“促进公平”作为工作方针，旨在推动我国贫困地区、贫困家庭的教育公平。

首先，义务教育阶段的机会公平。受乡村环境、家庭经济水平等方面的影响，生活在社会底层的贫困家庭子女受教育的机会存在着不公平的现象。从历年的农村贫困监测报告可以看出，家中经济困难、上学距离较远、交通不方便构成贫困家庭子女入学难的重要障碍。对于这些现象，政府加大财政支持力度，缩小城乡入学机会差距，消除性别差异，促进教育公平。2014 年，全国小学学龄儿童净入学率达到 99.81%；其中，男女童净入学率分别为 99.80% 和 99.83%，女童高于男童 0.03 个百分点。初中阶段

① 国家统计局住户调查办公室，中国农村贫困监测报告 2015［M］. 北京：中国统计出版社，2015：33。

毛入学率 103.5%，初中毕业生升学率 95.1%。[①]李春玲（2014）研究进一步证实，我国年轻一代较之前几代人在各教育阶段的升学概率都得到了较大提升，且随着教育阶段提高，相应的升学概率也在上升（见表 6–8）。以 80 后和 60 后为例，80 后人 98.2% 进入小学，比 60 后高 6.4 个百分点；80 后人 88.8% 实现小学升初中，比 60 后高 18.3 个百分点；80 后人 52.7% 实现初中升高级中等教育，比 60 后高 21.8 个百分点；80 后人 50.6% 实现高级中等教育升入大学，比 60 后高 23.9 个百分点。

表 6–8　不同年龄组各阶段升学比例

单位：%

年龄组	进入小学	小学升初中	初中升高级中等教育	高级中等教育升入大学
1940—1949	78.6	48.9	30.0	28.4
1950—1959	82.6	65.1	31.7	21.0
1960—1969	91.8	70.5	30.9	26.7
1970—1979	94.8	75.1	36.0	42.4
1980—1989	98.2	88.8	52.7	50.6
总体	88.9	69.4	34.6	32.2

注：高级中等教育包括普通高中和中等职业教育（职高 / 技校 / 中专等）；大学包括本科和大专。

资料来源：李春玲，“80 后”的教育经历与机会不平等，中国社会科学，2014 年第 4 期：66–77。

其次，义务教育阶段硬件实施改善。财政投入不公平导致教学设施分布不公平。城市义务教育学校在办学设备和教学仪器条件上基本都能满足自身发展要求，而贫困地区办学条件得不到保障，教学基础设施薄弱。“全面改薄”工程规划覆盖全国 2600 多个县近 22 万所义务教育学校，预计投入 5000 多亿元，建设校园校舍 2 亿多平方米，购置教学仪器设备 9 亿多台件套，惠及 8000 多万学生。中央财政已累计投入专项资金 978 亿元，全国校舍建设竣工面积达到 1.1 亿平方米，采购配备教学仪器设备价值超过 517 亿元，生均计算机和图书拥有量显著提高，基本消除了“自带课桌椅上学”的现象，有效改善了“大通铺”现象。“全面改薄”推进了标准化学校建设和教育资源均衡配置，城乡、区域、校际之间差距逐步缩小，有力地推进

① 2014 年全国教育事业发展统计公报［EB/OL］.http：//www.moe.edu.cn/.

了义务教育均衡发展。

第三，乡村教师质量不断提升。在教师队伍建设方面，结合“农村教师特岗计划”“国培计划”、师范生免费教育等项目，加大对薄弱学校支持力度。2011—2015 年，全国招聘特岗教师 32.5 万名，中央累计投入经费 220 多亿元。2016 年中西部 21 个省份共计划招聘特岗教师 7 万人，并优先满足村小学、教学点的教师补充需求。实施师范生免费教育，9 年来共有 4.7 万人到中西部中小学任教。推进“国培计划”，6 年培训农村教师 850 余万人次。2013 年启动集中连片特困地区乡村教师生活补助政策以来，699 个集中连片特困地区县中已约有 600 个县实施了乡村教师生活补助，100 多万名乡村教师受益。2015 年 6 月，国务院办公厅印发了《乡村教师支持计划（2015—2020 年）》，从师德荣誉、补充交流、职称编制，到工资待遇、培养培训、管理改革等方面，出台了一系列有力举措，对乡村教师给予全方位支持。

6.2.2 贫困家庭雨露计划资助及其脱贫成效

贫困家庭之所以贫困的一个重要原因就是，劳动者素质偏低和技能匮乏导致其发展能力不足。实践证明，在贫困地区大力发展职业教育，通过职业教育培训提高劳动力素质和掌握相应的劳动技能，进而使他们步入劳动力市场，是帮助贫困家庭脱贫的重要途径。

1. “雨露计划”资助情况

我国的技术培训项目很多，由不同部门针对不同需求涌现出不同的技术培训项目，而针对贫困地区、贫困人口的培训主要是国务院扶贫办实施的“雨露计划”。我国现阶段实施“雨露计划”主要是由政府主导，近年来随着市场的放开以及社会力量的壮大，吸引了一些企业和社会组织的资金参与，但是仍然是以劳动力培训、就业为主，通过职业技能培训，增强劳动者的技能水平，提高劳动者的综合素质。通过“雨露计划”的资助可以使贫困地区的劳动者在转移就业、自主创业等方面提供正确对路的咨询、培训和指导，让贫困地区有劳动能力和有发展意愿的劳动者从中获得直接的效益。

2001 年以后，有关部门在全国启动贫困地区劳动力转移培训“雨露计划”，将财政扶贫资金的 10% 用于对贫困地区劳动力转移培训的补贴，在全国贫困地区形成了包括国家、省、地、县四级800多个机构的培训网络，2001—2005年共完成318万劳动力的技能培训，其中90%以上实现非农就业。[①]2011年，"雨露计划"改革试点县扩大到全国中西部21个省（市、自治区）的100个国家扶贫开发工作重点县。2012年，"雨露计划"改革试点县共计达到200个。在"雨露计划"改革试点过程中，将扶贫内容改为："通过对贫困家庭劳动力接受教育与培训进行补助，引导和鼓励贫困家庭子女在完成九年义务教育和普通高中教育后，继续接受高、中等职业教育和一年以上技能培训，以进一步提高贫困家庭新生劳动力的整体素质，增强其稳定就业和持续增收能力"。补助对象为"试点县建档立卡贫困家庭中2010—2011年接受高等职业（一、二、三年级）、中等职业（一、二年级）教育和一年以上技能培训（进入顶岗实习阶段的学生例外）的学生"。补助标准为"在享受国家规定的其他补助政策的基础上，每人每年再补助1000元"[②]。

2015年6月2日《国务院扶贫办教育部人力资源和社会保障部关于加强雨露计划支持农村贫困家庭新成长劳动力接受职业教育的意见》将"雨露计划"的扶持对象逐步扩大到包括"子女接受中等职业教育（含普通中专、成人中专、职业高中、技工院校）、高等职业教育的农村建档立卡贫困家庭"[③]。扶持方式即"符合条件的贫困学生无论在何地就读，其家庭均在户籍所在地申请扶贫助学补助，补助资金通过一卡通（一折通）直接补给贫困家庭"[④]。

2. "雨露计划"脱贫成效

"雨露计划"的实施效果主要表现在：收益覆盖度较高、瞄准性较强；

---

① 国务院．大力开展贫困地区劳动力职业技能培训和转移就业［EB/OL］. http：//www.gov.cn/ztzl/fupin/content_396655.htm，2006-9-23.

② 司树杰等主编，中国教育扶贫报告2016［M］.北京：社会科学文献出版社，2016：167。

③《国务院扶贫办教育部人力资源和社会保障部关于加强雨露计划支持农村贫困家庭新成长劳动力接受职业教育的意见》［EB/OL］.http：//www.moe.edu.cn/jyb_xxgk/moe_1777/moe_1779/201507/t20150701_192084.html，2015-6-2.

④《国务院扶贫办教育部人力资源和社会保障部关于加强雨露计划支持农村贫困家庭新成长劳动力接受职业教育的意见》［EB/OL］.http：//www.moe.edu.cn/jyb_xxgk/moe_1777/moe_1779/201507/t20150701_192084.html，2015-6-2.

提升贫困人口就业率、增强就业稳定性；提高贫困人口收入，且起到脱贫示范带动作用①。数据显示，“十五”期间（2001—2005 年），“雨露计划”培训总人数为 318 万；“十一五”期间（2006—2010 年），“雨露计划”培训总人数为 700.42 万，是“十五”期间培训总人数的 2.2 倍，仅前三年就完成培训 436.04 万人，比十五期间培训总数还要多 118 万多人；“十三五”期间（2011—2015 年），仅前四年就完成培训 1423.34 万人，是“十五”期间培训总人数的 4.5 倍②。以 2013 年我国 14 个集中连片特困地区“雨露计划”资金投入为例（见图 6-3），各片区将“雨露计划”的实施纳入片区扶贫攻坚重要内容，根据各片区的实际情况扩大资助规模，如滇桂黔石漠化区投入 2.51 亿元，培训 27.8 万人；秦巴山区投入 1.74 亿元，培训 34.4 万人。

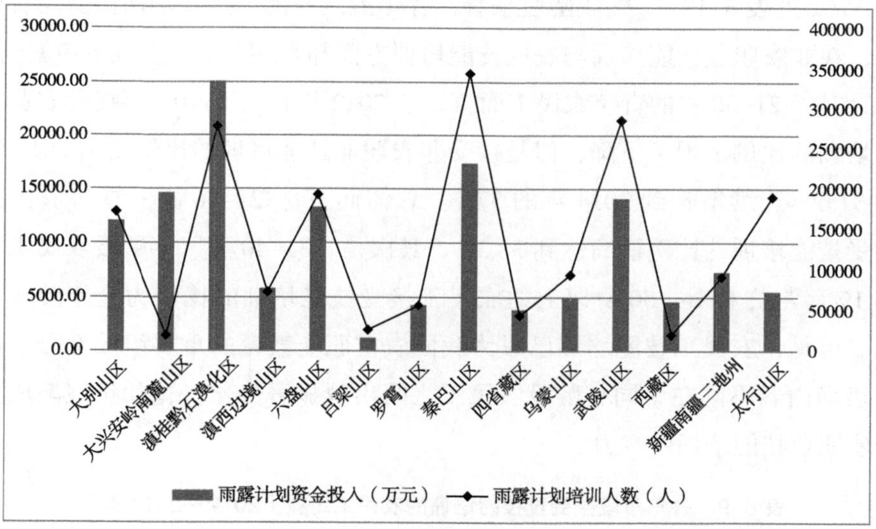

图 6-3　2013 年 14 个连片特困地区“雨露计划”投资规模和培训人数

注：数据来源于 2014 年连片特困地区监测报告。

“雨露计划”通过针对性强、转化度高的培训项目，能够有效改善参训人员就业效果、提高参训人员收入，并且受训人员自身脱贫之后还能带动和帮助身边的亲人、朋友，减少贫困的代际传递，提升相关人群下一代的

① 张琦，中国“雨露计划”实施综合评价及新对策研究［M］. 北京：经济日报出版社，2016：63-69。
② 司树杰等主编，中国教育扶贫报告 2016［M］. 北京：社会科学文献出版社，2016：190-191。

素质。通过调查发现，“雨露计划”受训人员的平均收入超过非培训群体，而且有些学员先涉外务工再回乡创业，年均收入甚至达到60万元[①]。培训学员通过创业不仅收入大幅提升，脱离了贫困的境况，同时还为当地的其他贫困人口创造了工作岗位，真正实现了培训一人、脱贫一家、带动一方的预期目标。

根据国家统计局抽样调查结果（见表6–7、表6–8），2017年全国农民工总量为28652万人，接受过农业或非农职业技能培训的农民工占32.9%，其中，接受非农职业技能培训的占30.6%，接受农业技能培训的占9.5%，农业和非农职业技能培训都参加过的占7.1%。本地农民工接受农业或非农职业技能培训的占30.6%，；外出农民工接受农业或非农职业技能培训的占35.5%（见表6–10）。按年龄段来看，各年龄段农民工接受培训比例均有提高，在非农职业技能培训与农业技能培训方面却存在差异（见表6–9）。例如，对于21–30岁的青年农民工而言，与2012年相比，2014年接受农业技能培训的比例出现了下降，但是接受非农职业技能培训的比例则由2012年的31.6%连续增长到2014年的37%。总体而言，“21–30岁”青年农民工接受技能培训的比例最高达到38.3%，其次是“31–40岁”年龄段农民工为36.1%。与之相对，50岁以上的农民工接受技能培训的比例为全年龄段最低。可见，农民工技能培训已成为我国农村职业教育的重要组成部分，依据培训内容不同在不同年龄段农民工之间出现显著分化，青壮年逐渐成为非农职业技能培训的主力。

表6–9　各年龄段接受过技能培训的农民工比重（2012—2014年）

单位：%

指标	农业技能培训			非农职业技能培训			技能培训		
	2012	2013	2014	2012	2013	2014	2012	2013	2014
合计	10.7	9.3	9.5	25.6	29.9	32.0	30.8	32.7	34.8
20岁以下	1.0	5.0	6.0	22.3	29.9	31.4	24.0	31.0	32.6
21–30岁	6.2	5.5	6.0	31.6	34.6	37.0	34.0	35.9	38.3
31–40岁	11.0	9.1	8.8	26.7	31.8	34.0	32.0	34.1	36.1

① 张琦，中国“雨露计划”实施综合评价及新对策研究［M］. 北京：经济日报出版社，2016：68。

续表

指标	农业技能培训			非农职业技能培训			技能培训		
	2012	2013	2014	2012	2013	2014	2012	2013	2014
41–50 岁	14.9	12.7	12.6	23.1	27.8	29.9	30.5	32.1	33.7
50 岁以上	14.5	12.4	12.7	16.9	21.2	24.0	25.5	25.9	28.8

数据来源：《全国农民工监测调查报告》2013 年、2014 年（国家统计局）。

表 6–10　接受过技能培训的农民工比重（2015—2017 年）

单位：%

指标	农业技能培训			非农职业技能培训			技能培训		
	2015	2016	2017	2015	2016	2017	2015	2016	2017
合计	8.7	8.7	9.5	30.7	30.7	30.6	33.1	32.9	32.9
本地农民工	10.2	10.0	10.9	27.7	27.8	27.6	30.8	30.4	32.6
外出农民工	7.2	7.4	8.0	33.8	33.8	33.7	35.4	35.6	35.5

数据来源：《全国农民工监测调查报告》2016 年、2017 年（国家统计局）。

6.2.3 贫困家庭助学贷款资助及其脱贫成效

教育资助的另一个针对贫困家庭学生的措施是助学贷款。区别于义务教育的免费、强制特点，助学贷款是一项政府担保、财政贴息的金融扶贫方式，主要针对高等教育、家庭经济困难学生，并且需要承担还款责任的一种教育资助方式。尤其是在信贷市场不完善的情况下，由政府为贫困家庭进行担保，可以有效减轻贫困家庭信息不对称的风险，缓解贫困家庭信贷约束问题，从而提高贫困家庭教育投入水平。

1. 贫困家庭与信贷

金融机构对贫困农户的借贷供给行为往往表现为“惜贷”，反过来，这种信贷配给不足或者信贷市场失灵又成为贫困家庭陷贫的重要原因。金融机构这种“嫌贫爱富”的信贷配给行为，严重影响贫困农户的脱贫。

在我国将扶贫与信贷结合起来首先得益于以孟加拉国乡村银行为模式的小额贷款，这种贷款方式为贫困群体提供金融服务，缓解他们的资金问题。随着我国扶贫过程的不断推进，结合“八七扶贫攻坚计划”、千年扶贫攻坚计划和新一轮扶贫攻坚计划的时代特征和贫困农户特点，我国政府从资金、人力和组织等方面积极努力，相继为贫困地区、贫困农户推出“小额信用贷款”“农户联保贷款”“精准扶贫专项贷款”等形式的金融服务。其中“精准扶贫专项贷款”主要强调在“精准扶贫”政策下，做到贷款对象精准、贷款用途精准等。政府为具有生产能力和发展愿望的“建档立卡”的贫困户提供贷款支持和贷款担保，具体可由村组干部、驻村工作队、乡镇和承贷银行联合评级，按照贫困户诚信度、劳动力状况、劳动技能、家庭人均纯收入等指标，结合贫困户住居条件、教育程度、健康状况、劳动能力等因素，提供1万–5万元的贷款，期限一般为1–3年。在此过程中政府财政全程全额贴息，农户可享受零利率贷款。

近年来，随着扶贫政策、扶贫资金不断倾斜，贫困贷款情况有所改善。一方面，我国人均借贷款余额不断上升，且还款能力稳步提高。从表6–11可以看出，截至2010年，我国年末人均借贷款余额达到280.8元，比上年提高4.04%，逾期未还比率为52.8%，比上年下降6.4个百分点。由此可知，我国贫困贷款从数量和结构上都在不断改善，为扶贫脱贫提供了良好的金融支持。

表6–11　2002—2010年扶贫重点县农户贷款情况

年份	当年人均借贷款（元/人）	年末人均借贷款余额（元/人）	其中：逾期未还（元/人）	逾期未还比率（%）
2002	216.4	244.8	171.4	70.0
2003	161.1	217.4	150.7	69.3
2004	120.8	184.8	129.0	69.8
2005	127.3	182.6	128.5	70.4
2006	136.1	209.9	131.7	62.8
2007	134.0	205.8	118.0	57.3
2008	158.0	223.4	128.1	57.3
2009	201.3	269.9	159.8	59.2
2010	196.0	280.8	148.2	52.8

资料来源：《中国农村贫困监测报告2011》。

另一方面，我国不同类型农户户均贷款规模不断上涨。从表 6–12 可以看出，从 2007 年—2010 年，从金融机构得到贷款（不包括扶贫贷款）的农户数量所占比重在下降，但户均贷款规模有大幅度增加。当年从银行或信用社得到贷款的农户占全部农户的 3%，比上年下降 0.9 个百分点，户均贷款金额 12633.4 元，比上年增加了 2058 元，增长 19.5%。其中个体工商户得到贷款的比例下降 0.6 个百分点，户均贷款金额提高 4.9%，种养大户得到贷款的比例下降了 2.6 个百分点，户均贷款金额提高了 13.7%，贫困户得到贷款的比例下降 0.7 个百分点，户均贷款金额提高了 8.2%。

表 6–12　扶贫重点县不同类型农户得到贷款的比例和户均金额

年份	全部农户		个体工商户		种养大户		贫困户	
	得到贷款户比重（%）	户均贷款金额（元）	得到贷款户比重（%）	户均贷款金额（元）	得到贷款户比重（%）	户均贷款金额（元）	得到贷款户比重（%）	户均贷款金额（元）
2007	4.2	5614.4	3.4	8100.0	8.0	5888.8	3.3	5114.0
2008	3.3	8322.3	4.1	24531.4	7.6	8094.3	2.2	5421.3
2009	3.9	10575.4	4.8	22226.6	9.4	13942.6	2.7	7382.6
2010	3.0	12633.4	4.2	23306.8	6.8	15845.9	2.0	7985.3

资料来源：《中国农村贫困监测报告 2011》。

3. 助学贷款脱贫成效

国家助学贷款是由政府主导，财政贴息，金融机构向高校家庭经济困难学生提供的旨在帮助高校家庭经济困难学生解决学费与住宿费的信用助学贷款。助学贷款是国家的政策性贷款，结合了政府、财政、高校、商业银行等行为主体，一方面可以克服因为信贷市场失灵导致的信贷配给限制，另一方面可以针对贫困家庭进行教育专项扶贫脱贫帮助，打破了金融机构贷款“嫌贫爱富”的怪圈。

助学贷款的脱贫成效不仅体现在减轻贫困学生的家庭经济负担，为贫困家庭脱贫提供了重要保障；更为重要的是贫困学生完成教育之后获得个人效益和社会效益的双丰收。一般在校大学生申请助学到款可以获得足够支付学费的资助外，还可以获得在生活费、助学金、助学岗位等方面的补助，可以有效减轻贫困学生的经济负担。所申请的助学贷款一般由银行放贷、财政贴息，在学生毕业之后偿还本金，用未来收益来补偿无息贷款。由此一来，贫困学生在减轻家庭经济负担的同时，也降低了其因为放弃工作的机会成本，这样一来受资助的学生就可以安心学习知识，顺利完成学业，积累个人的人力资本，提高自身的竞争能力。此外，助学贷款在帮助家庭困难学生完成学业的同时，保障了教育公平性，还可以通过示范效应或邻里效应，刺激了贫困群体或者低收入群体的教育投资需求。

国家助学贷款工作在变革中求发展，在发展中惠及家庭贫困学生。据教育部公布的《国家助学贷款发展报告》显示，国家助学贷款工作自1999年启动至2013年，全国开办国家助学贷款的高校979所，占全国高校总数的37.34%；全国开办生源地信用助学贷款的区县2464个，占全国区县总数的86.09%，大大降低了学生因贫辍学的发生概率。截至2013年（见表6–13），累计998.90万人获得助学贷款，审批金额1032.08亿元。其中537.53万人获得校园地国家助学贷款，审批金额535.62亿元；461.37万人获得生源地信用助学贷款，审批金额496.46亿元。各省份（包括生源地信用助学贷款和校园地国家助学贷款）880.17万人办理助学贷款，审批金额850.04亿元；中央部属院校118.74万人办理助学贷款，审批金额182.04亿元[①]。截至2015年7月，国家助学贷款累计发放1200亿元，惠及1100多万名学生。

表6–13　1999—2013年国家助学贷款发放情况表

单位：万人/亿元

时间	审批贷款人数	审批贷款金额
1999年	0.06	0.05
2000年	6.70	7.55
2001年	20.44	16.75
2002年	25.44	20.61
2003年	26.49	20.25

① 国家助学贷款发展报告（1999—2013）.［EB/OL］. http：//www.xszz.cee.edu.cn/tongzhigonggao/2014- 08-27/2058.html

续表

时间	审批贷款人数	审批贷款金额
2004 年	36.04	31.21
2005 年	91.62	76.32
2006 年	85.49	79.94
2007 年	76.44	88.66
2008 年	67.39	65.92
2009 年	102.07	87.01
2010 年	113.84	114.89
2011 年	117.76	132.84
2012 年	120.01	141.62
2013 年	109.10	148.46
合计	998.89	1032.08

资料来源：全国学生资助管理中心，《国家助学贷款发展报告（1999—2013）》。

从地区分布来看，国家助学贷款资助力度在西部地区最高。从统计数据可知，2014 年共发放贷款 166.99 亿元，占当年普通高校发放总额的 23.19%，共资助学生 277.81 万人其中，内蒙古、广西、甘肃、宁夏、青海、贵州等西部省份在校生中获得国家助学贷款比例达到 30%，国家助学贷款成为家庭经济困难学生，特别是西部贫困地区学生学费的主要来源，这对于贫困家庭子女改善教育有巨大帮助①。

6.3 政府教育资助与脱贫的实证检验

对于贫困家庭而言，若想走出贫困陷阱单凭自身的资本积累难以奏效，尤其是在对家庭子女进行教育投资方面。如前所述，政府以教育资助的形式为贫困家庭提供帮助，将大大缓解贫困家庭的教育负担，提升家庭人力资本累积速度，帮助贫困家庭的顺利脱贫。本部分选取中国家庭追踪调查已经公布的三期数据考察政府教育资助对于贫困家庭脱贫的影响情况。

---

① 贫困生资助 让每个孩子都成才，[N].《光明日报》2015-12-10（15）.

6.3.1 研究方法与模型设定

面板数据可以为我们动态观察经济变量提供基础，它涵盖了时间和个体两个维度的数据，即横截面维度（位个体）和时间维度（T 个时期）。通常面板数据的 T 较小而较大时，称为短面板，反之为长面板。

估计面板数据的过程中一般会将所有数据视作截面数据处理，即采用混合回归（pooled regression），即要求样本中每个个体都拥有完全相同的回归方程。但是在估计过程中容易忽略个体不可观测或被遗漏的异质性。因此，在实践中通常会假定个体的回归方程拥有相同的斜率而截距不同，以此来捕捉异质性。假设不可观测效应模型（UEM）为：

$$y_{it} = \partial + X_{it}\beta + c_i + U_{it} \quad (i=1,\cdots,N;t=1,\cdots,T) \tag{6.1}$$

这里，c_i 作为不可观测的与时间无关的个体特有的潜在变量（latent variable）。由于 c_i 是一个不可观测的个体特有的随机变量，关键是要看 c_i 与解释变量 X_{it} 是否相关：若认为 c_i 与 X_{it} 不相关，则作为随机效果（RE）处理，将 c_i 与 U_{it} 合并 $V_{it} = c_i + U_{it}$；若认为 c_i 与 X_{it} 相关，则作为固定效果（FE）处理。

本文在个体层面选取家庭为单位的个体数据，由此构成了包含时间和家庭的面板模型如下所示：

$$y_{it} = \partial_0 + \beta_1 \bullet Puc_{it} + \beta_2 \bullet X_{it} + \eta_i + \lambda_t + \varepsilon_{it} \quad (i=1,\cdots,N;t=1,\cdots,T) \tag{6.2}$$

其中：y_{it} 为家庭 i 在 t 期时父母对子女的教育支出，根据教育支出的构成及指标数据可得性我们将主要考察教育总支出、学杂费、住宿费、其他费用。puc_{it} 为政府教育财政支出，依据家庭归属地和地域教育财政的年度支出情况我们重点考察的村级政府财政支出，其系数 β_1 衡量了政府财政支出对于家庭教育支出的影响情况。X_{it} 为有关的控制变量，包括家庭人均收入、家庭人均支出、父母亲年龄及受教育程度、家庭所在地的人均纯收入——用于控制地区的经济发展情况等，此外考虑政府教育财政支出对于父母行为的影响，选取村级教育财政支出与家庭家庭人均纯收入的交叉项、村级教育财政支出与父亲教育年限的交叉项、村级教育财政支出与母亲教育年限的交叉项。考虑可能的误差项对家庭教育支出的影响，我们将其分解为：家庭固定效应 η_i、年份固定效应 λ_{it} 以及特异随机扰动项 ε_{it}，满足 $E\left[\left(puc_{it},X_{it}\right)\bullet\varepsilon_{it}\right]=0$。

此时，在混合 OLS 中，如果年份及家庭的固定效应 λ_t，η_i 与 puc_{it} 和 X_{it} 无关，此时，合成误差项 $\lambda_t+\eta_i+\varepsilon_{it}$ 与模型中的解释变量均不相关，矩条件 $E\left[\left(y_{it}-\beta_1\bullet puc_{it}-\beta_2\bullet X_{it}\right)\bullet\left(puc_{it},X_{it}\right)\right]=0$ 成立，对于面板数据进行混合 OLS 估计可以得到一致的估计结果。

6.3.3 回归结果与分析

对家庭教育总支出、学杂费、住宿费、其他费用分别进行混合回归，得到如表 6–14 的结果。其中村级人均纯收入的对数和学生年龄与被解释变量呈正相关，且通过显著性检验，进一步观察发现虽然村级人均纯收入和家庭人均纯收入都与被解释变量正相关，但是村级人均纯收入显著性要强，并且在家庭人均纯收入通过检验的前两个被解释变量中，村级人均纯收入的系数要比家庭人均纯收入的大。这说明村级单位对于家庭教育的投资影响要大于家庭单位的教育投资，的确在一些地区以乡镇、村居为单位的教育投资与发展要优于家庭教育的发展。

表 6–14　各类教育支出的 POLS 回归结果

变量	（1）	（2）	（3）	（4）
	家庭教育总支出	学杂费	住宿费	其他费用
inc_c	0.122***	0.102***	0.0355**	0.254***
	（9.23）	（6.61）	（3.04）	（12.03）
exp_ce	0.00929	–0.143	0.134	0.0974
	（0.08）	（–1.05）	（1.31）	（0.53）
inc_f	0.0405*	0.0539*	0.0432**	0.0359
	（2.22）	（2.52）	（2.69）	（1.23）
exp_fp	0.107	–0.00262	0.121	0.205
	（1.33）	（–0.03）	（1.71）	（1.60）

续表

变量	(1)	(2)	(3)	(4)
	家庭教育总支出	学杂费	住宿费	其他费用
sexp_ce	−0.0131***	−0.00944*	−0.00339	−0.0135*
	(−3.46)	(−2.13)	(−1.02)	(−2.24)
cexp_ce	0.00934	0.0209	−0.00830	0.00365
	(0.72)	(1.37)	(−0.72)	(0.18)
age	0.110***	0.179***	0.0399***	0.131***
	(14.70)	(20.41)	(6.04)	(10.95)
edu_f	−0.101	−0.141	0.0545	−0.126
	(−1.39)	(−1.64)	(0.84)	(−1.07)
edu_m	0.103	0.119	0.00676	0.279*
	(1.45)	(1.42)	(0.11)	(2.44)
fexp_ce	0.0183	0.0252	−0.00468	0.0278
	(1.54)	(1.81)	(−0.45)	(1.46)
mexp_ce	−0.00796	−0.0156	0.00784	−0.0306
	(−0.69)	(−1.15)	(0.77)	(−1.65)
_cons	3.950***	2.978***	3.265***	−0.526
	(5.61)	(3.60)	(5.25)	(−0.47)
N	1569	1569	1569	1569
F	51.66	53.78	13.56	41.12
Prob > chi2	0.0000	0.0000	0.0000	0.0000
R-squared	0.2774	0.3052	0.1156	0.2512

注：括号内为 t 值，* $p < 0.05$，** $p < 0.01$，*** $p < 0.001$。

村级人均纯收入与各类教育支出的回归系数为正，分别通过了显著性检验，也就是说随着村级人均纯收入的增加，各类教育支出也在增加，收入的增长为教育支出提供了资金保障。而村级教育财政投资对于家庭教育支出的影响没有通过检验，而且影响的正负关系不一致。比如在村级教育财政投资与家庭学杂费负相关，这说明随着政府财政投入的增多，家庭学杂费方面的投入在减少，这与我国一直推行的免费义务教育有很大关系，政府公共教育投入的确有助于减轻了学杂费负担。但是村级教育财政投资与住宿费正相关，也就是说，随着政府财政投入的增多，家庭教育住宿费方面的投入在增加。近年来我国农村地区尤其是贫困地区撤点并校，许多孩子上学需要住宿，无形中增加了他们的住宿费负担。“村级教育财政投资”的平方项与各类教育支出呈现出负相关关系，且通过检验，较好的说明了政府财政支出对个人家庭教育支出的挤出效应，如果政府教育投资多一些，就可以减轻贫困家庭的教育负担。

当考虑政府教育支出对于父母教育水平的交叉项时，结果没有通过检验。但是总体而言，政府教育支出与父亲的教育水平交叉项与家庭教育支出呈正相关，政府教育支出与母亲的教育水平交叉项与家庭教育支出呈正相关。这是否说明，在政府教育支出增加的同时，父亲倾向于增加家庭教育投入，而母亲倾向于减少家庭教育投入，是否父亲对于子女的教育投入更具有远见，是否母亲更注重子女当前的教育发展，仍需要进一步研究和论证。

表 6-15　家庭教育总支出的不同回归结果

变量	（1）	（2）	（3）	（4）
	混合回归	固定效应（普通标准误）	固定效应（聚类标准误）	随机效应（聚类标准误）
inc_c	0.122***	0.117***	0.117***	0.122***
	（9.23）	（8.10）	（8.77）	（8.94）
exp_ce	0.00929	–0.0328	–0.0328	0.00992
	（0.08）	（–0.23）	（–0.25）	（0.10）
inc_f	0.0405*	–0.0354	–0.0354	0.0405**
	（2.22）	（–1.39）	（–1.67）	（2.64）
exp_fp	0.107	–0.0670	–0.0670	0.108
	（1.33）	（–0.68）	（–0.66）	（1.60）
sexp_ce	–0.0131***	–0.0193***	–0.0193***	–0.0130***
	（–3.46）	（–3.89）	（–3.67）	（–3.71）
cexp_ce	0.00934	0.0296	0.0296	0.00922
	（0.72）	（1.88）	（1.90）	（0.85）
age	0.110***	0.196***	0.196***	0.110***

续表

变量	（1）	（2）	（3）	（4）
	混合回归	固定效应（普通标准误）	固定效应（聚类标准误）	随机效应（聚类标准误）
	（14.70）	（16.09）	（13.98）	（12.91）
edu_f	-0.101 （-1.39）	-0.0586 （-0.12）	-0.0586 （-0.19）	-0.101 （-1.57）
edu_m	0.103 （1.45）	0.263 （1.02）	0.263 （1.60）	0.103 （1.59）
fexp_ce	0.0183 （1.54）	0.0103 （0.66）	0.0103 （0.67）	0.0183 （1.79）
mexp_ce	-0.00796 （-0.69）	-0.0393* （-2.57）	-0.0393** （-2.72）	-0.00795 （-0.77）
_cons	3.950***	4.026*	4.026***	3.940***
	（5.61）	（2.46）	（3.56）	（6.76）
F	F（11，1557）=54.22	F（11，1035）=53.54	F（11，522）=54.30	Wald chi2（11）=568.58
Prob>F	0.0000	0.0000	0.0000	0.0000
Breusch and Pagan 随机效应的拉格朗日乘数检验：Chibar2（01）=0.00　Prob>chibar2=1.0000				

注：括号内为 t 值，* $p < 0.05$，** $p < 0.01$，*** $p < 0.001$

此外如前文所述，混合回归往往忽略不可观测或者遗漏个体异质性，通常在混合回归之后需要进一步对个体效应进行估计和选择。可以分为固定效应（FE）与混合效应比较、随机效应（RE）与混合效应比较以及固定效应与随机效应的比较。

（1）FE 与 POLS 比较

按照一般步骤，首先对于每个家庭可能存在不随时间而变的遗漏变量，故考虑使用固定效应模型。采用聚类标准误回归结果显示，在固定效应模型中，模型的自相关系数 $\rho = 0.34\rho$，也就是说符合扰动项的方差有三分之一左右来自个体效应的变动。

至此仍不足以判断使用混合回归还是固定效应模型。如果不使用聚类标准误，采用普通标准误，会得到一个包含 F 检验的结果，其原假设是“$H_0 = all\, u_i = 0$”，即混合回归是可以接受的。按照这一思路，对固定效应采用普通标准误回归，结果显示 Prob > F = 0.0056>0.001，在 0.1% 的水平上无法拒绝原假设，表示在 0.1% 的水平上接受原假设，即混合回归是可以接受的。进一步在随机效应回归中，theta=0，也说明此回归模型是混合回归模型。也就是在本部分研究中，个体之间的差异并不显著。

（2）RE 与 POLS 比较

虽然上述固定效应没有得到验证，但是对于可能存在的个体效应仍有可能是以随机效应（RE）的方式存在。我们试图通过 LM 检验（LM test for individual-specific effects）来检验个体效应。其原假设“H_0：$\sigma_u^2 = 0$”，备择假设是“H_1：$\sigma_u^2 \neq 0$”。如果拒绝 H_0，则说明原模型中应该有一个反映个体特征的随机扰动项 u_i，而不应该使用混合回归。从表 6-15 可以看出，最后一行的 LM 检验值并没有拒绝原假设，也就意味着混合回归是可以接收到的。

到目前为止，通过 FE、RE 与 POLS 的比较并没有拒绝混合效应，当然如果拒绝了混合效应，证明个体效应的存在，还需要进一步通过豪斯曼检验来确定究竟是固定效应还是随机效应。考虑我们使用的是微观面板数据，不同于宏观面板数据，本部分研究对象——农村家庭或者贫困家庭——可能在个体的差异方面并不显著，或者在观察期内并没有表现出特别明显的差异（当然对于个体差异的存在需要进一步研究）。

6.3.2 数据与变量描述

政府教育资助的形式是多样的，本部分结合 CFPS 数据情况，主要考察政府公共教育支出对家庭影响情况。CFPS 的村级问卷为本研究提供了可以代表政府的公共教育支出数据，问卷对基础设施、人口结构、国计民生、行政管理、历史政治、房屋价格、环境交通、劳动经济、医疗生育、财政状况等进行了详细的追踪调查与记录。家庭问卷和成人 / 少儿问卷为本研究提供了以家庭为单位的研究样本。考虑到我国于 2014 年开始实施建档立卡的相关工作，针对贫困地区、贫困人口构建了精准扶精准脱贫体系。本书将选取 2011 年、2014 年和 2016 年公布的三期数据，可为我国精准扶贫精准脱贫前后的农村地区的贫困状况提供参考。

拟对三期数据进行面板处理，首先在从时间维度将三期数据进行合并，合并后获得连续三期匹配村居样本 581 个，其中城市（urban）276 个，农村（rural）305 个；家庭样本 11203 户，其中城市 5273 户，农村 5930 户。其次在横截面个体的维度需要将村居、家庭和个人三级数据进行合并，组成本研究需要的数据结构，也就是以家庭为单位的数据集。结合具体的问卷和指标来看，部分指标的数据存在缺失，存在“不适应”“不知道”或为“0”的现象，比如在村／居问卷调查中“用于教育投资（学校等）的有多少万元”其中数值为 0 的有 270 个。经过处理和筛选，本书将村居、家庭和个人三级数据合并后，获得三期有效家户面板数据样本量为 1569 个。

由于本部分考察的是以家庭为单位的教育投入问题，家庭教育投入一般包括学杂费、书本费（教育软件费）、伙食费、住宿费、交通费、其他费用（择校费、赞助费、课外辅导费）等[①]。需要说明的是，我国于 2008 年 9 月开始免除义务教育学杂费，但是不同地区收费标准和执行情况仍然不统一，存在乱收费现象。特别是农村地区“撤点并校”后增加了学生的住宿费、交通费和生活费，家庭教育支出也由此发生了较大变化。本研究的被解释变量选取家庭教育总支出、学杂费、住宿费和其他费用。

本部分的解释变量主要考虑政府方面，首先，村级公共教育支出来自相应地村级问卷，选取村级人均纯收入、村级行政支出、村级教育投资作为村级代理变量。其次，本研究还考虑了村级教育支出对家庭和父母行为的影响，主要选取村级教育投资与家庭人均纯收入的交叉项、村级教育投资与父亲教育年限的交叉项、村级教育投资与母亲教育年限的交叉项。各变量的描述性统计特征如下表所示。

① 这部分见各年问卷中教育部分 D5“过去 12 个月，您家直接为这个孩子支付的各项教育费用情况”。

表 6-16 变量的描述性统计（三）

变量	名称	分类	均值	标准差	最小值	最大值
edu_t	家庭教育总支出的对数	总体	8.785836	0.7963216	7.078341	14.65219
		组间		0.4327558	7.586295	11.2718
		组内		0.6686474	6.388905	13.10133
edu_tu	家庭教育学杂费的对数	总体	7.92706	0.9537094	5.560682	10.54534
		组间		0.5216856	5.990813	9.851269
		组内		0.7985943	5.631348	10.34854
edu_ac	家庭教育住宿费	总体	6.279913	0.6364076	3.401197	9.903487
		组间		0.4041901	4.96464	7.742658
		组内		0.4917859	4.343532	8.617618
edu_ot	家庭教育其他费用	总体	7.183092	1.252992	1.609438	10.54534
		组间		0.6829882	5.298317	9.553547
		组内		1.050767	3.419832	10.47099
inc_c	村级人均纯收入的对数	总体	9.328056	1.38244	5.010635	10.81978
		组间		0.6547137	7.57939	10.34407
		组内		1.2178	6.087667	12.56844
exp_ce	村级教育财政支出	总体	5.933068	1.551597	0	9.903487
		组间		1.059891	2.302585	9.528844
		组内		1.133807	1.327898	10.00176
inc_f	家庭人均纯收入	总体	8.942078	1.039057	3.270835	11.91839
		组间		0.7624081	5.538421	11.18923
		组内		0.70648	5.422994	12.36608
exp_fp	家庭人均支出	总体	8.912035	0.897075	6.024254	12.53486
		组间		0.6388308	7.103381	11.4162
		组内		0.6302057	6.403857	11.00848
sexp_ce	村级教育支出对数的平方项	总体	37.60721	15.22306	0	98.07906
		组间		11.14108	12.75118	90.88052
		组内		10.38153	0.7510494	73.13155
cexp_ce	村级教育支出与家庭人均纯收入的交叉项	总体	53.07215	15.74707	0	103.0824
		组间		11.37008	20.72664	96.63412
		组内		10.90213	11.03641	93.31019

续表

变量	名称	分类	均值	标准差	最小值	最大值
age	学生的年龄	总体	19.75972	2.451626	10	29
		组间		1.768609	14.66667	25
		组内		1.698964	13.09305	26.42639
edu_f	父亲教育年限	总体	2.80051	1.141897	1	7
		组间		1.142067	1	7
		组内		0.0357143	2.133843	3.467177
edu_m	母亲教育年限	总体	2.356915	1.132804	1	6
		组间		1.131459	1	6
		组内		0.0683877	1.023582	3.690249
fexp_ce	父亲教育年限 * 村级教育支出	总体	16.87223	8.979643	0	53.20632
		组间		8.355768	2.668789	49.97163
		组内		3.302148	−2.315976	37.21569
mexp_ce	母亲教育年限 * 村级教育支出	总体	14.28399	8.687543	0	45.60542
		组间		8.212316	3.837642	42.83283
		组内		2.849087	−8.741864	28.54579

数据来源：由 2011 年、2014 年和 2016 年北京大学公布的中国家庭追踪调查数据统计而得。

6.4 小结

本章以政府教育资助体系为切入点，主要分析了义务教育、职业教育和助学贷款三项典型的贫困家庭脱贫政策。贫困家庭受限于自身条件的约束，在家庭教育投资方面往往缺乏足够的能力和资本，教育作为一项特殊的公共品，尤其需要政府提供资助。研究发现：

第一，我国已经建立了较为完善的教育资助体系，资助效应正逐渐释放。一方面资助面基本涵盖教育全过程，涉及学前教育、义务教育、中等职业教育、普通高中教育、本专科教育、研究生教育六个阶段；另一方面资助资金规模和资助人次规模都在逐步增长与扩大。此外，教育资助不仅缓解了困难学生的经济负担，而且还实现了家庭人均纯收入的提高。

第二，对于贫困家庭而言其自身资本具有稀缺性，需要政府提供教育资助。目前我国已经建立了较为完善的教育资助体系，资助效应正逐渐释放。首先，贫困家庭走出贫困陷阱需要政府提供免费、强制教育，我国贫困地区的义务教育脱贫成效主要体现在从收费到免费、从失学到强制、从普及到公平等方面。其次，贫困家庭脱贫需要政府资助保障其拥有一技之长，“雨露计划”的实施使得有劳动能力、有劳动意愿的贫困对象通过技能技术培训提高了收入。再次，贫困家庭脱贫需要政府提供信贷支持，在教育方面我国主要实施的是助学贷款政策，我国贫困信贷得到快速发展，为贫困家庭脱贫提供了资金支持。

第三，通过短面板数据的实证分析发现，政府财政支出可以减轻家庭教育支出负担，从而保障了家庭对子女教育的投入。首先随着村级人均收入的提高，各类教育支出在不同程度上也在增加，说明收入的提高为教育支出提供了有力保障；其次，村级教育财政投资与家庭学杂费负相关，这说明政府公共教育投入的确有助于减轻了学杂费负担。但是村级教育财政投资与住宿费正相关，也就是说，随着政府财政投入的增多，家庭教育住宿费方面的投入在增加。近年来我国农村地区尤其是贫困地区撤点并校，许多孩子上学需要住宿，无形中增加了他们的住宿费负担。“村级教育财政投资”的平方项与各类教育支出呈现出负相关关系，且通过检验，较好的说明了政府财政支出对个人家庭教育支出的挤出效应，如果政府教育投资多一些，就可以减轻贫困家庭的教育负担。

第七章

阻断贫困代际传递：结论与建议

摆脱贫困首要并不是摆脱物质的贫困，而是摆脱意识和思路的贫困。扶贫必扶智，治贫先治愚。贫穷并不可怕，怕的是智力不足、头脑空空，怕的是知识匮乏、精神委顿。脱贫致富不仅要注意富口袋，更要注意富脑袋。东西部扶贫协作和对口支援要在发展经济的基础上，向教育、文化、卫生、科技等领域合作拓展，贯彻“五位一体”总体布局要求。要继续发挥互派干部等方面的好经验、好做法，把东部地区理念、人才、技术、经验等要素传播到西部地区，促进观念互通、思路互动、技术互学、作风互鉴。西部地区要彻底拔掉穷根，必须把教育作为管长远的事业抓好。东部地区要在基础教育、职业教育、高等教育等方面，通过联合办学、设立分校、扩大招生、培训教师等多种方式给予西部地区更多帮助。还要注意解决好因病致贫、因病返贫的问题，东部地区可以通过援建医院、培训医生、远程诊疗、健康快车等帮助西部地区。

——习近平《在东西部扶贫协作座谈会上的讲话》
2016 年 7 月 20 日

7.1 主要结论

本书基于我国贫困家庭脱贫与教育投资的视角，在贫困、贫困陷阱及教育投资的文献梳理及相关理论分析的基础上，对我国贫困家庭脱贫的教育投资问题进行系统研究。从贫困家庭教育投资与贫困陷阱进出以及政府教育资助与贫困家庭脱贫等两个方面，结合最新建档立卡数据和微观数据分别对我国贫困家庭脱贫的教育投资和政府资助进行探究并得出如下结论：

第一，贫困家庭脱贫在不同时期、不同阶段以及不同教育类型下呈现出不同特点取得不同效果。从纵向时间发展来看，我国教育脱贫经历了五个阶段：改革开放前普及工农教育阶段、以制度性变革进行教育帮扶阶段、以开发式扶贫普及初等教育阶段、以区域协调发展实现义务教阶段和以精准扶贫提高贫困人口受教育程度阶段。从横向教育类型来看，我国教育脱贫的形式主要有以普及教育为目的的基础教育、以技能培训为主的职业教育和追求个人发展的高等教育，各类教育形式满足了不同贫困家庭的需求，对贫困家庭脱贫意义重大。

第二，由于社会的劳动力成本（从家庭来说是劳动力报酬）、人力资本价值（从家庭来说是教育投入所获得的超过劳动力报酬的额外收益）和家庭的效用函数（影响家庭的消费、储蓄和教育投入）不同，不同的家庭要形成代际教育投入增加和福利水平提高的良性循环，所需要的初始条件是不同的，也即可能需要满足一个最低的条件（本书称这种最低的条件为第一阈值，详见本书第四章理论模型部分）。而由于家庭初始财富的不同，以及信息不对称的存在，贫困家庭难以从信贷市场获取足够资金，以提高未来的收入和福利水平，很可能导致家庭达不到实现代际教育投入增加和福利水平提高所需要的最低条件，从而陷入“贫困陷阱”。在这种情形下，政府可以通过对贫困家庭进行教育资助和为贫困家庭的教育融资进行担保（以解决信贷市场的信息不对称问题）等办法，帮助贫困家庭摆脱“贫困陷阱”。

第三，从陷贫家庭来看，贫困家庭的教育投资面临诸多困境，背负较重的教 育成本。表现在：第一社会层面，国家教育经费投入不足；第二个体层面，贫困家庭承受过重的教育费用；第三机会成本层面，表现为劳动力市场不均衡造成的贫困家庭教育投资的机会成本较高。处于贫困陷阱之中的贫困家庭（建档立卡的贫困户）表现出收入水平低、家庭结构不合理、文化程度偏低、学生辍学率高等特征，这些因素影响了贫困家庭脱贫的教育投资行为，造成教育投入不足，难以脱离贫困陷阱。经过实证分析发现，陷贫之中的贫困家庭子女的受教育年限普遍只在6.33，也就是刚刚达到小学水平。虽然我国已经全面实施了义务教育，但是从样本中的贫困家庭来看，处于贫困陷阱之中的子女受教育水平普遍尚未达到初中毕业。由于所选样本是在校生，如果考虑其未来可能实现的预期教育，至少需要在未来三年保障贫困家庭没有失学辍学现象发生，才能满足贫困家庭子女受教育年限在 9 以上，也就是完成九年义务教育，才能达到贫困家庭摆脱贫困陷阱的第一阈值。

第四，从脱贫家庭来看，在贫困家庭脱贫过程中，家庭自有资产并没有发挥积极作用。对于贫困家庭而言其自身资本具有稀缺性，需要政府提供教育资助。研究发现，目前我国已经建立了较为完善的教育资助体系，资助效应正逐渐释放。首先，贫困家庭走出贫困陷阱需要政府提供免费、强制教育，我国贫困地区的义务教育脱贫成效主要体现在从收费到免费、从失学到强制、从普及到公平等方面。其次，贫困家庭脱贫需要政府资助保障其拥有一技之长，“雨露计划”的实施使得有劳动能力、有劳动意愿的贫困对象通过技能技术培训提高了收入。再次，贫困家庭脱贫需要政府提供信贷支持，在教育方面我国主要实施的是助学贷款政策，我国贫困信贷得到快速发展，为贫困家庭脱贫提供了资金支持。通过短面板数据的实证分析发现，村级教育财政投资对个人家庭教育支出的挤出效应，如果政府教育投资多一些，就可以减轻贫困家庭的教育负担，再次说明贫困家庭脱贫的教育投资策略中政府的作用。

7.2 政策建议

教育是人类发展的重要推动力，教育加快了社会流动，创建了社会网络，促进了生活选择的能动性和多样性。尤为重要的是，教育是打破贫困陷阱的有力工具，是实现可持续脱贫的强大手段。在全面深化改革、全面建成小康社会的历史背景下，我国扶贫开发已经进入攻坚拔寨的关键时期。扶贫先扶志，扶贫必扶智，教育在脱贫攻坚中发挥着基础性、先决性和关键性作用。习近平总书记指出："不能让贫困地区的孩子输在起跑线上。把贫困地区孩子培养出来，这才是根本的扶贫之策"。因此，亟须从战略高度调整政策思路、破除体制机制障碍，加强贫困地区教育建设，提升贫困地区教育水平。

7.2.1 扶持贫困家庭增强经济增收能力

贫困家庭教育投资的不足或者受限，主要是因为其自身经济水平低，不足以满足孩子上学的成本需求，导致存在"因学致贫""因教致贫"等现象的出现。而解决"贫"的问题，关键是让贫困家庭富裕起来。相比较传统的经济援助、物质援助等扶贫措施，扶持和帮助贫困家庭增强其致富能力则更为持久有效。创造财富的能力增强，就意味着经济来源和经济收入的增多，也就标志着贫困家庭摆脱了贫困，走向富裕的生活。而生活富裕并且具备较好的经济条件，供养子女上学就不会成为负担，更不会造成家庭贫困。

第一，针对贫困家庭制定和实施专项发展规划并给予倾斜性政策。扶持和帮助贫困家庭增强其致富能力并不是一件容易的事情，因为贫困家庭的基本状况都比较差，他们要么有疾病缠身，要么知识技能贫乏，要么自然环境恶劣，要么受落后的风俗习惯禁锢等等。要想改变这种状况，需要政府、社会及相关方面做出积极而又艰辛的努力。政府需要根据贫困家庭的发展特点和规律，结合贫困地区的现实状况、总体目标以及人口发展趋势等，制定并实施贫困地区贫困家庭教育发展战略规划，为教育发展提供可预见性规划和设想。在考虑全国发展大局的前提下，结合贫困家庭的具体情况，有组织、有规划、有预见的制定和实施教育脱贫政策，通过教育扶贫、人才扶贫、智力扶贫、文化扶贫、科技扶贫等多种教育脱贫模式和政策给予贫困家庭倾斜性帮扶。

第二，为贫困家庭中可就业、愿意就业的人员提供实用技术和技能培训，提升他们的就业能力和经济收益。贫困就业人口往往因为文化水平低，没有技术专长，很难找到工作岗位，很难获得更好的经济收入。鉴于他们无力支付必要的培训和学习技术的费用，政府和社会各界可以建立免费实用技术培训基地，向他们提供免费实用技术培训，使他们能够掌握一两门实用技术，为外出务工或提高农产品价值创造条件。

第三，结合建档立卡建立贫困家庭就业信息网。国家识别出来的建档立卡的贫困户（贫困家庭）都存在某种程度上的贫困，建档立卡系统为我们提供了一个信息平台，不仅提供了每个贫困户的基本信息，而且也为就业市场提供了一个供需匹配平台。在建档立卡的基础上，一方面向贫困家庭提供大量的就业信息，供他们自主选择，另一方面也把贫困家庭的相关信息和就职意向提供给相应的用人单位，从而实现供需双方的有效选择，有针对性地帮助贫困人员获得更高或更稳定的工作，取得较好的经济收入。

7.2.2 实行贫困家庭子女优惠教育政策

由于我国社会经济发展的不平衡，再加上贫困家庭子女的教育决策受到特殊因素的限制，导致贫困家庭在教育起点、教育过程乃至教育效果方面都存在差距与问题，因此应该在享有教育机会、教育资源、教育成果等方面给予贫困家庭子女特殊优惠政策，从而保障贫困家庭子女顺利完成学业。

第一，在确保义务教育阶段的入学率和质量的基础上，保障受教育的基本权利和机会，提升贫困地区的整体受教育水平。贫困家庭由于自身物质资本、人力资本、社会资本等的稀缺，对于子女的教育投资不足现象在我国贫困地区较为普遍。政府应该在大力推行九年义务教育方面狠抓不放，切实保障贫困学生能够顺利完成九年义务教育。为此建议，一方面从政策层面继续予以重视，积极实施九年义务教育法，稳步推进学费减免、“全面改薄”等政策，为贫困地区教育发展排除后顾之忧；另一方面关注贫困地区留守儿童、童工等现象，给留守儿童越早的关注与关爱越能减少其教育投入不足的风险，也能够减少贫困地区儿童过早步入劳动力市场的概率，对此可以通过较早干预、及时教育和适度激励来确保义务教育的顺利实现。

第二，继续完善贫困家庭子女的教育资助体系，给予贫困家庭子女更多更实惠的教育资源支持。一方面需要继续完善和巩固我国资助经济困难学生的多元政策体系，保证从学龄前到高等教育各阶段的基本覆盖，适当给予学费减免、奖学金、助学金、助学贷款、勤工助学、顶岗实习等优惠措施，保证不同年龄段适龄子女能够选择适合自身需求和条件的教育内容。另一方面在各教育阶段根据阶段性、结构性特征制定和实施相应的教育资助方法和手段，增加政府财政资金投入对现有贫困地区的校舍进行改扩建，引进先进的信息化教育资源与教育内容，丰富贫困家庭子女知识结构。

第三，增加贫困地区相关教育投入，通过优化教育脱贫资金使用确保教育脱贫成果的实现。一方面要充分发挥财政政策和财政资金的作用，增加贫困地区的教育经费投入；另一方面积极引导金融资本和社会资本对贫困地区的投入，从而改善贫困地区办学条件、提高贫困地区师资水平。所增加的教育资金投入通过针对性强、项目转化度高、落地效果好的途径，精确瞄准贫困家庭教育需求，充分激发贫困家庭接受教育、投资教育的内在动力，保障教育资金的投入能够使得贫困家庭及其子女实现自我发展能力的良性循环。比如考虑物价上涨的因素，适度提高贫困地区营养餐补助标准和奖助标准；通过电商扶贫、有条件现金转移支付项目（CCTs）等项目化、工程化的方式，让贫困家庭有组织享有补助，充分发挥教育脱贫资金的效果。

7.2.3 增加贫困家庭子女就业机会

教育脱贫是一个系统工程，在解决了贫困家庭的增收问题和子女上学问题之后，面临的就是贫困家庭子女就业的问题。贫困家庭教育收益或者教育回报通过子女的就业反映出来，在这一点上，一方面需要国家的财政拨款、社会救助等外力，另一个重要的方面则要依靠贫困家庭及其子女扶贫脱贫理念的转变以及自我主观能动性的发挥。

第一，积极转变扶贫脱贫理念，激发贫困家庭的主观能动性，通过积极的宣传教育提高贫困子女的自我发展能力。现阶段教育精准扶贫一方面更需要转变以往被动扶贫的“等靠要”思维理念，另一方面要破解“读书无用论”的怪圈。因此需要通过积极的宣传教育激发贫困主体的内生动力，贫困主体的内生动力被激发和释放也将有助于贫困主体主动接受教育、投资教育，可见二者缺一不可相互促进。在精准扶贫的大背景下，需要以贫困家庭为单元，结合“建档立卡”基本信息，深入了解和分析贫困个体差异，结合具体的扶贫资助项目、扶贫培训项目、扶贫优惠政策等，保证受教育后可以获得合适的收入回报，提升自我发展能力，走出贫困陷阱，实现贫困家庭可持续性脱贫。

第二，政府制定适度倾斜政策，减少贫困家庭子女就业阻力。政府应开展调查，根据学校和社区（乡镇）对贫困学生的信息汇总，建立本地区贫困学生动态信息库，提高帮扶工作政策制定的针对性。通过制定适当的政策，向贫困家庭子女就业倾斜，平衡区域间教育资源，促进社会资源分配投资，扩大教育供给，促进教育公平。例如，从学校基础条件着手，加大对本地基础教育及职业教育的投入，改善学生学习条件，提高教育入学积极性；从用人单位入手，对于积极解决贫困学生就业的企业或社会单位，可予以一定的政策支持；从行政考核入手，教育部门还可将贫困子女就业帮扶工作列入地区高等学校或职业学校落实毕业生就业政策的重要内容进行绩效考核。通过多样化政策，向贫困家庭子女就业适度倾斜，减小贫困学生就业阻力。

第三，学校优先推荐帮助贫困子女，实现高质量就业。学校应做好贫困家庭子女信息的收集与认定工作，打捆贫困学生各类帮扶政策，收集汇总了地区人力社保、工商、民政、教育等职能部门在贫困学生就业创业帮扶及资金援助上的各类政策，制作本区域贫困学生就业创业帮扶手册，帮助贫困家庭学生快速、全面了解相应就业政策。对于贫困家庭子女普遍选择就读的中等职业学校及高职院校，要做好贫困户子女的就业帮扶和援助工作，比如建立家庭困难学生教育帮扶跟踪系统，在各类招生、就业活动中给予重点关注，力争毕业的贫困户子女都实现就业。

7.2.4 建立和落实精准教育资助机制

国家和社会各界对贫困家庭的教育救助是帮助贫困家庭子女接受教育且不至于“因学致贫”的有效途径。我国现行的教育救助机制和途径对帮助贫困家庭子女接受教育做出了巨大的贡献，然而，在具体的实施过程中，仍然存在着数量不足和不够精准的弊端，需要进一步改进和完善。一方面要加大财政投入，并积极动员社会力量提供更多、更加充足的教育救助经费和物资，让更多贫困家庭子女享有更加充足的帮助；另一方面要提高教育救助的精准性，让教育救助惠及那些最需要帮助的贫困家庭子女。

第一，进一步提高教育脱贫政策的可操作性，通过教育脱贫的项目化实施，推动教育政策有效全面落实。尽管教育脱贫政策在片区扶贫攻坚支持政策的可操作性上相对较好，也备受贫困地区欢迎，但也并不是所有政策的可操作性都很强，尤其是对于不同贫困地区由于区域差异性较大，在政策统一性和区域差异性方面还需要更加注重可操作性，片面强调统一性而忽视差异性，往往难以达到政策支持的效果，与此同时，对于个别还停留在指导意见层面，操作性的内容较少，政策落地途径缺乏的政策，根据各地教育脱贫的特色，设立和制定不同的项目和资金投入标准，一方面要提高教育脱贫的精准性，包括教育脱贫的区域范围、扶贫对象和教育脱贫的内容等要更加精准和科学。同时，能够针对教育脱贫政策制定相应的项目规划，通过具体项目推动政策落实。事实证明，凡是通过项目化的教育脱贫政策，落实效果就好，实施就顺利。

第二，充分考虑教育脱贫政策推进过程中相关配套设施的同步推进。通过调查和前面分析可知，我国教育脱贫政策和教育脱贫的项目，在资金投入方面都给予了充分考虑，但在实施过程中仍然还存在着项目推进过程中一些配套设施和资金支持方面缺位现象，比如项目的维护、管理所需要的资金、技术、人员、编制导致教育脱贫政策好事没有做实，影响了实施的效果。建议有关教育脱贫中的基础设施建设的投入中要增加后期维护、管理资金计划，加强教育脱贫项目的人员、管理投入，引导基层政府部门在教育脱贫的基础设施建设的后期维护和管理引入市场机制，提高基础设施建设的使用效率等。

第三，加强教育脱贫规划与地方规划和扶贫规划的衔接和融通，提高教育脱贫的长期效果。教育脱贫是一项长期的系统性工程，基础教育脱贫的效果呈现具有一定滞后性，需要经过稳定持续的时间才会发挥显现作用，职业教育的扶贫效果则体现在短时间内，因此，教育脱贫的规划也需要做到短期、中期和长期相一致，在制定教育脱贫规划时，根据其自身的特点分别纳入到不同规划中实施，从而达到效果最大化。尤其是教育部、农业部、人社部、扶贫办和水利交通等系统的教育脱贫等都能够在行业规划和地方政府规划中得到衔接，避免规划之间不衔接难以达到教育脱贫的目的，例如农业部的阳光工程计划、扶贫系统的雨露计划和教育系统下的职业培训计划的有效对接和合理科学的分工协作，形成高效的贫困地区教育脱贫职业培训新体系。

参考文献

[1] Alkire S, Foster J. Counting and multidimensional poverty measurement [J]. 2011.

[2] Azariadis C. The Theory of Poverty Traps: What Have We Learned [J]. 2006.

[3] Bank W. World Development Report 2000/2001: Attacking Poverty [M]. Congressional Information Service, Inc, 2000. 1435–1441.

[4] Barham V, Boadway R, Marchand M, et al. Education and the poverty trap [J]. European Economic Review, 1995, 39 (7): 1257–1275.

[5] Barrett C, Swallow B M, Ellis F, et al. Dynamic poverty traps and rural livelihoods. [J]. Working Papers, 2003.

[6] Barrett C B, Swallow B M. Fractal poverty traps [J]. World Development, 2003, 34 (1): 1–15.

[7] Becker G S, Tomes N. Human capital and the rise and fall of families. [J]. Journal of Labor Economics, 1986, 4 (Volume 4, Number 3, Part 2): 1.

[8] Becker G S, Tomes N. Child Endowments and the Quantity and Quality of Children [J]. Journal of Political Economy, 1976, 84 (Volume 84, Number 4, Part 2): 143–162.

[9] Bilenkisi F. The Impact of Household Heads' Education Levels on the Poverty Risk: The Evidence from Turkey. [J]. Educational Sciences Theory & Practice, 2015, 15 (2): 337–348.

[10] Bird K, Hulme D, Shepherd A, et al. Chronic Poverty and Remote Rural Areas [J]. Ssrn Electronic Journal, 2011.

[11] Bowels S, Durlauf S N, Hoff K. Poverty Traps [M]. Princeton University Press, 2011.

[12] Brown P H, Park A. Education and poverty in rural China [J]. Economics of Education Review, 2002, 21 (6): 523–541.

[13] Brown P H, Park A. Education and poverty in rural China [J]. Economics of Education Review, 2002, 21 (6): 523–541.

[14] Bursztyn L. POVERTY AND THE POLITICAL ECONOMY OF PUBLIC EDUCATION SPENDING: EVIDENCE FROM BRAZIL [J]. Journal of the European Economic Association, 2016, 14 (5): 1101–1128.

[15] Chiswick, Barry K. An Analysis of the Earnings and Employment of Asian-American Men

[J]. Journal of Labor Economics, 1983, 1 (Volume 1, Number 2): 197–214.

[16] Cigno A. Intergenerational transfers without altruism: Family, market and state [J]. European Journal of Political Economy, 1993, 9 (4): 505–518.

[17] Di D A, Cafaro V, Romeo I, et al. Hints on the evolutionary design of a dimeric RNase with special bioactions. [J]. Protein Science, 1995, 4 (8): 1470–1477.

[18] Durlauf S N. Groups, social influences and inequality: a memberships theory perspective on poverty traps [C]. 2002.

[19] Ermisch J, Pronzato C. Causal Effects of Parents' Education on Children's Education [J]. Child Working Papers, 2010.

[20] Ermisch J, Francesconi M. Family Matters: Impacts of Family Background on Educational Attainments [J]. Economica, 2001, 68 (270): 137–156.

[21] Flannery D, O Donoghue C. The demand for higher education: A static structural approach accounting for individual heterogeneity and nesting patterns [J]. Economics of Education Review, 2013, 34 (34): 243–257.

[22] Foster J, Greer J, Thorbecke E. A Class of Decomposable Poverty Measures [J]. Econometrica, 1984, 52 (3): 761–766.

[23] Garc í a S, Ritterbusch A. Child Poverty in Colombia: Construction of a Multidimensional Measure Using a Mixed–Method Approach [J]. Child Indicators Research, 2015, 8 (4): 1–23.

[24] Giesbert L, Schindler K. Assets, Shocks, and Poverty Traps in Rural Mozambique [M]. GIGA German Institute of Global and Area Studies, 2010. 1594–1609.

[25] Glomm G, Ravikumar B. Public versus Private Investment in Human Capital: Endogenous Growth and Income Inequality [J]. Journal of Political Economy, 1992, 100 (Volume 100, Number 4): 818–834.

[26] Glomm G, Ravikumar B. Human capital accumulation and endogenous public expenditures [J]. Canadian Journal of Economics/Revue canadienne d' é conomique, 2001, 34 (3): 807–826.

[27] Gustafsson B, Shi L I. THE STRUCTURE OF CHINESE POVERTY, 1988 [J]. The Developing Economies, 1998, 36 (4): 387–406.

[28] Hannum E, Park A. 9 ACADEMIC ACHIEVEMENT AND ENGAGEMENT IN RURAL CHINA [J]. Journal of the American College of Cardiology, 2007, 37 (1): 183–188.

[29] Kakwani N, Pernia E M. What is pro–poor growth? [J]. Asian Development Review, 2000.

[30] Kanbur R. Conceptual challenges in poverty and inequality: one development economiist's perspective [C]. 2002. 521–544.

[31] Knight J. Higher Education Crossing Borders. A Guide to the Implications of the General Agreement on Trade in Services (GATS) for Cross–Border Education. [J].

Commonwealth of Learning, 2006, 27 (2): 383-394.

[32] Knight J, Li S, Quheng D. (2009) Education and the Poverty Trap in Rural China: Setting the Trap, Oxford Development Studies, 37: 4, 311-332, DOI: 10.1080/13600810903305232

[33] Knight J, Li S, Quheng D. (2010) Education and the Poverty Trap in Rural China: Closing the Trap, Oxford Development Studies, 38: 1, 1-24, DOI: 10.1080/13600810903551595

[34] Li S. Effects of Labor Out-Migration and Income Growth and Inequality in Rural China[M]. 1999. 161-185.

[35] Lindsay J B, Evans M G. Education and the Poverty Trap in Rural China: Closing the Trap [J]. Csae Working Paper, 2008, 37 (4): 311-332.

[36] Martins P S, Pereira P T. Does education reduce wage inequality? Quantile regression evidence from 16 countries [J]. Labour Economics, 2004, 11 (3): 355-371.

[37] Matsuyama K. Financial Market Globalization, Symmetry-Breaking and Endogenous Inequality of Nations [J]. Econometrica, 2004, 72 (3): 853-884.

[38] North D C. Institutions, institutional change, and economic performance / [M]. Cambridge University Press, 1990. 151-155.

[39] Oppenheim C, Lisa H, Group C P A. Poverty the facts [J]. Child Poverty Action Group, 1993.

[40] Patrinos A H, Psacharopoulos G. Returns to Investment in Education: A Further Update: Policy Research Working Papers [J]. 2004.

[41] Psacharopoulos G. The profitability of investment in education : concepts and methods[J]. 1995, (1-2): 172-173.

[42] Psacharopoulos G, Layard R. Human Capital and Earnings: British Evidence and a Critique [J]. Review of Economic Studies, 1979, 46 (3): 485-503.

[43] Psacharopoulos G, Patrinos H A. Returns to investment in education: a further update [J]. Policy Research Working Paper, 2015, 12 (2): 111-134.

[44] Ravallion M, Chen S. Measuring pro-poor growth [J]. Economics Letters, 2003, 78 (1): 93-99.

[45] Rehme G. Education, Economic Growth and Personal Income Inequality Across (Rich) Countries [J]. Ssrn Electronic Journal, 2002.

[46] Rehme G. Education, Economic Growth and Measured Income Inequality [J]. Economica, 2007, 74 (295): 493-514.

[47] Robichaud V, Tiberti L, Maisonnave H. Impact of increased public education spending on growth and poverty in Uganda. An integrated micro-macro approach [J]. Working Papers Mpia, 2014.

[48] Roelen K. Using Qualitative and Panel Data to Create Durable Measures of Child Poverty and Well-being across Childhood [M]. Palgrave Macmillan UK, 2014.

[49] Rowntree B S, Hunter R. POVERTY: A STUDY OF TOWN LIFE [J]. Journal of Political Economy, 1902, 11 (Volume 11, Number 1): 260-266.

[47] Sampson R J, Morenoff J D. Durable inequality: Spatial dynamics, social processes, and the persistence of poverty in Chicago neighborhoods [J]. Poverty Traps, 2011.

[50] Santos M E. Human Capital and the Quality of Education in a Poverty Trap Model [J]. Oxford Development Studies, 2011, 39 (1): 25-47.

[51] Semmler W, Ofori M. On poverty traps, thresholds and take-offs [J]. Structural Change & Economic Dynamics, 2007, 18 (1): 1-26.

[52] Sewell W H, Shah V P. Parents' education and children's educational aspirations and achievements [J]. American Sociological Review, 1968, 33 (33): 191-209.

[53] Shepherd A. Tackling chronic poverty: The policy implications of research on chronic poverty and poverty dynamics [J]. Progress in Development Studies, 2011, 12 (1): 86-88.

[54] Shepherd A, Scott L, Mariotti C, et al. The Chronic Poverty Report 2014-2015: The Road to Zero Extreme Poverty [J]. Overseas Development Institute, 2014: 179-184.

[55] Steiger L C. Escaping the Poverty Trap: Expectations, Adaptive Learning and Human Capital Accumulation [J]. 2009.

[56] Tao H L. The Demand for Higher Education and a Test of the Extreme Screening Hypothesis [J]. Education Economics, 2006, 14 (1): 75-88.

[57] Townsend P. Poverty in the United Kingdom: a survey of household resources and standards of living [J]. American Journal of Sociology, 1982, 90 (Volume 88, Number 2): 954.

[58] Turshen M, Sen A. Development as freedom [M]. Anchor Books, 1999. 31-33.

[59] Wagle U R. The Counting-Based Measurement of Multidimensional Poverty: The Focus on Economic Resources, Inner Capabilities, and Relational Resources in the United States[J]. Social Indicators Research, 2014, 115 (1): 223-240.

[60] Wang X, Feng H, Xia Q, et al. On the Relationship between Income Poverty and Multidimensional Poverty in China [J]. Ophi Working Papers, 2016.

[61] Widyanti W, Suryahadi A, Sumarto S, et al. The Relationship Between Chronic Poverty and Household Dynamics: Evidence from Indonesia [J]. Ssrn Electronic Journal, 2010, 83 (3): 446-456.

[62] Wu J X, He L Y. Urban-rural gap and poverty traps in China: A prefecture level analysis [J]. Papers, 2016.

[63] Altonji J G, Dunn T A. The Effects of Family Characteristics on the Return to Education[J]. Review of Economics & Statistics, 1996, 78 (4): 692-704.

[64] Cai G, Liu J, University S Y. Income Risk, Financing Constraint and Human Capital Accumulation: The Role of Public Education Investment [J]. Economic Research Journal, 2014.

[65] Ceroni C B. Poverty Traps and Human Capital Accumulation [J]. Economica, 2001, 68 (270): 203-219.

[66] Hanjra M A, Ferede T, Gutta D G. Pathways to breaking the poverty trap in Ethiopia: investments in agricultural water, education, and markets. [J]. Agricultural Water Management, 2009, 96 (11): 1596-1604.

[67] Santos M E. Human Capital and the Quality of Education in a Poverty Trap Model [J]. Oxford Development Studies, 2011, 39 (ophiwp30): 25-47.

[68] Servaas V D B, Burger C, Burger R, et al. Low Quality Education as a Poverty Trap [J]. Working Papers, 2011.

[69] Sugawara K. Human capital and FDI: Development process of the developing country in an overlapping generation model [J]. The Journal of International Trade & Economic Development, 2015, 24 (7): 1-25.

[70] Xie. Assets and Poverty Trap of Rural Households [J]. China Population Today, 2015, (4): 36.

[71] Zhang H. The poverty trap of education: Education - poverty connections in Western China [J]. International Journal of Educational Development, 2014, 38 (3): 47-58.

[72] Zhao L, Guo Y, Shao T. Can the minimum living standard guarantee scheme enable the poor to escape the poverty trap in rural China? [J]. International Journal of Social Welfare, 2017.

[73][德] 普里威. 发展与减贫经济学 [M]. 成都：西南财经大学出版社，2006.

[74][美] 安格斯·迪顿. 逃离不平等 [M]. 北京：中信出版社，2014.

[75][美] 加里·贝克尔. 人力资本：特别是关于教育的理论与经验分析 [M]. 北京：北京大学出版社，1987.

[76][美] 雷·马歇尔，马克·塔克. 教育与国家财富：思考生存 [M]. 北京：教育科学出版社，2003.

[77][美] 西奥多·W·舒尔茨. 论人力资本投资 [M]. 北京：北京经济学院出版社，1990.

[78][美] 西奥多·W·舒尔茨. 人力资本投资：教育和研究的作用 [M]. 北京：商务印书馆，1990.

[79][印] 阿马蒂亚·森. 贫困与饥荒 [M]. 北京：商务印书馆，2001.

[80][印] 阿马蒂亚·森. 以自由看待发展 [M]. 北京：中国人民大学出版社，2013.

[81][英] 阿弗里德·马歇尔. 经济学原理 [M]. 北京：华夏出版社，2012.

[82][英] 卡尔·马克思. 资本论（第一卷）[M]. 北京：人民出版社，1975.

[83][英]威廉·配第.赋税论 献给英明人士 货币略论[M].北京：商务印书馆，1972.
[84][英]亚当·斯密.国富论[M].南京：译林出版社，2011.
[85]马克思恩格斯全集（第23卷）[M].北京：人民出版社，1975.
[86]贫困生资助 让每个孩子都成才[N].光明日报，2015-12-10（15）.
[87]习近平：动员全党全国全社会力量 齐心协力打赢脱贫攻坚战[J].中国党政干部论坛，2015，（12）：1.
[88]习近平在中央扶贫开发工作会议上强调 脱贫攻坚战冲锋号已经吹响 全党全国咬定目标苦干实干[J].农村工作通讯，2015，（23）：7-8.
[89]习近平给"国培计划（二○一四）"北师大贵州研修班参训教师回信[N].人民日报，2015-09-10（1）.
[90]蔡亚庆，王晓兵，杨军，罗仁福.我国农户贫困持续性及决定因素分析——基于相对和绝对贫困线的再审视[J].农业现代化研究，2016，（01）：9-16.
[91]柴葳.教育是最根本的精准扶贫[N].中国教育报，2016-03-03（1）.
[92]陈琳，袁志刚.中国代际收入流动性的趋势与内在传递机制[J].世界经济，2012，（06）：115-131.
[93]陈全功，李忠斌.少数民族地区农户持续性贫困探究[J].中国农村观察，2009，（05）：39-48.
[94]陈玉宇，邢春冰.农村工业化以及人力资本在农村劳动力市场中的角色[J].经济研究，2004，（08）：105-116.
[95]池振合，杨宜勇.贫困线研究综述[J].经济理论与经济管理，2012，（07）：56-64.
[96]楚永生.新时期中国农村贫困的特征、扶贫机制及政策调整[J].宏观经济研究，2008，（10）：55-58.
[97]崔荃.家庭背景、教育资源配置与收入分配差距[D].复旦大学，2010.
[98]邓维杰.精准扶贫的难点、对策与路径选择[J].农村经济，2014，（06）：78-81.
[99]邸玉娜.代际流动、教育收益与机会平等——基于微观调查数据的研究[J].经济科学，2014，（01）：65-74.
[100]段应碧.中国农村扶贫开发：回顾与展望[J].农业经济问题，2009，（11）：4-9.
[101]甘露.西部欠发达地区农村贫困的影响因素[J].重庆社会科学，2010，（01）：41-43.
[102]龚继红，钟涨宝.农村家庭收入对农村家庭教育投资行为的影响——基于湖北省随州市农村家庭的调查[J].统计与决策，2005，（18）：72-74.
[103]郭建宇，吴国宝.基于不同指标及权重选择的多维贫困测量——以山西省贫困县为例[J].中国农村经济，2012，（02）：12-20.
[104]郭熙保，周强.长期多维贫困、不平等与致贫因素[J].经济研究，2016，（06）：143-156.
[105]郭晓娜.教育阻隔代际贫困传递的价值和机制研究——基于可行能力理论的分析框

架［J］. 西南民族大学学报（人文社科版），2017，（03）：6–12.
［106］胡敏. 精准扶贫精准脱贫需要新思路［N］. 中国经济时报，2015–07–23（5）.
［107］国家统计局农村社会经济调查总队. 中国农村贫困监测报告 2011［M］. 北京：中国统计出版社，2011.
［108］国家统计局农村社会经济调查总队. 中国农村贫困监测报告 2015［M］. 北京：中国统计出版社，2015.
［109］韩晶，杜亚敏，宋涛. 农村教育对农村经济影响的实证研究［J］. 中国延安干部学院学报，2011，（03）：124–128.
［110］胡敏. 精准扶贫精准脱贫需要新思路［J］. 新重庆，2015，（09）：9–11.
［111］黄斌，高蒙蒙，查晨婷. 中国农村地区教育收益与收入差异［J］. 中国农村经济，2014，（11）：28–38.
［112］黄承伟. 中国扶贫开发道路研究：评述与展望［J］. 中国农业大学学报（社会科学版），2016，（05）：5–17.
［113］黄金辉. 中国西部农村人力资本投资与农民增收问题研究［M］. 西南财经大学出版社，2005.
［114］赖德胜. 教育与劳动力市场［M］. 北京：经济科学出版社，2016.
［115］李小云. 精准扶贫　实现共同富裕，啃下“贫困”这块硬骨头［J］. 人民论坛，2015，（S2）：36–38.
［116］刘传铁. 教育是最根本的精准扶贫［N］. 人民日报，2016–01–27（5）.
［117］刘林平，张春泥. 农民工工资：人力资本、社会资本、企业制度还是社会环境？——珠江三角洲农民工工资的决定模型［J］. 社会学研究，2007，（06）：114–137.
［118］刘彦随，周扬，刘继来. 中国农村贫困化地域分异特征及其精准扶贫策略［J］. 中国科学院院刊，2016，（03）：269–278.
［119］栾江，陈建成，李强，等. 高中教育还是中等职业教育更有利于增加西部地区农村劳动力非农收入——基于异质性的处理效应估计［J］. 中国农村经济，2014，（9）：32–45.
［120］齐良书. 发展经济学［M］. 北京：中国发展出版社，2002.
［121］钱文荣，卢海阳. 农民工人力资本与工资关系的性别差异及户籍地差异［J］. 中国农村经济，2012，（08）：16–27.
［122］青木昌彦，吴敬琏. 从威权到民主：可持续发展的政治经济学［M］. 北京：中信出版社，2008.
［123］尚卫平，姚智谋. 多维贫困测度方法研究［J］. 财经研究，2005，（12）：88–94.
［124］沈亚芳，谢童伟，张锦华. 中国农村的教育贫困与教育补偿机制研究［M］. 2011.
［125］沈扬扬. 中国农村经济增长与差别扩大中的收入贫困研究［D］. 南开大学，2013.
［126］司树杰. 中国教育扶贫报告 2016［M］. 北京：社会科学文献出版社，2016.

[127] 孙昂，姚洋. 劳动力的大病对家庭教育投资行为的影响——中国农村的研究[J]. 世界经济文汇，2006，(1)：26-36.

[128] 孙百才. 测度中国改革开放30年来的教育平等——基于教育基尼系数的实证分析[J]. 教育研究，2009，(01)：12-18.

[129] 孙百才，刘云鹏. 中国地区间与性别间的教育公平测度：2002-2012年——基于人口受教育年限的基尼系数分析[J]. 清华大学教育研究，2014，(03)：87-95.

[130] 孙婉然，孙婉钧. 城乡高等教育入学机会差异模型构建及应用——基于高中阶段城乡教育投入对高等教育贡献的对比研究[J]. 教育：文摘版，2016，(8)：142-143.

[131] 孙志军. 中国教育个人收益率研究：一个文献综述及其政策含义[J]. 中国人口科学，2004，(05)：67-74.

[132] 孙志军. 家庭背景、公共教育支出与高中阶段教育入学机会[J]. 中国人民大学教育学刊，2011，(1)：149-161.

[133] 唐丽霞，罗江月，李小云. 精准扶贫机制实施的政策和实践困境[J]. 贵州社会科学，2015，(05)：151-156.

[134] 汪三贵. 在发展中战胜贫困——对中国30年大规模减贫经验的总结与评价[J]. 管理世界，2008，(11)：78-88.

[135] 汪三贵，郭子豪. 论中国的精准扶贫[J]. 贵州社会科学，2015，(05)：147-150.

[136] 汪三贵，刘湘琳，等. 人力资本和社会资本对返乡农民工创业的影响[J]. 农业技术经济，2010，(12)：4-10.

[137] 王春超，叶琴. 中国农民工多维贫困的演进——基于收入与教育维度的考察[J]. 经济研究，2014，(12)：159-174.

[138] 王三秀. 教育反贫困[M]. 北京：人民出版社，2014.

[139] 王生云. 中国农村长期贫困程度、特征与影响因素[J]. 经济问题，2011，(11)：71-76.

[140] 卫龙宝，施晟，刘志斌. 中国农村教育的收益率与外溢性分析[J]. 浙江大学学报（人文社会科学版），2012，(06)：27-35.

[141] 吴愈晓. 中国城乡居民的教育机会不平等及其演变（1978—2008）[J]. 中国社会科学，2013，(03)：4-21.

[142] 习明明，郭熙保. 贫困陷阱理论研究的最新进展[J]. 经济学动态，2012，(03)：109-114.

[143] 许雪亚. 脱贫路上一个都不能少——全国扶贫开发工作综述[J]. 农村工作通讯，2016，(01)：20-22.

[144] 杨建芳，龚六堂，张庆华. 人力资本形成及其对经济增长的影响—— 一个包含教育和健康投入的内生增长模型及其检验[J]. 管理世界，2006，(05)：10-18.

[145] 杨俊，黄潇，李晓羽. 教育不平等与收入分配差距：中国的实证分析[J]. 管理世

界，2008，（01）：38–47.

［146］杨亮．营养改善计划试点地区补助标准从3元提高到4元［DB/CD］．2014.

［147］杨龙，汪三贵．贫困地区农户的多维贫困测量与分解——基于2010年中国农村贫困监测的农户数据［J］．人口学刊，2015，（02）：15–25.

［148］叶初升，刘业飞，高考．贫困陷阱的微观机制与实证研究述评［J］．经济学家，2012，（04）：21–28.

［149］叶初升，王红霞．多维贫困及其度量研究的最新进展：问题与方法［J］．湖北经济学院学报，2010，（06）：5–11.

［150］叶普万．贫困概念及其类型研究述评［J］．经济学动态，2006，（07）：67–69.

［151］尹飞霄，罗良清．中国教育贫困测度及模拟分析：1982—2010［J］．西北人口，2013，（01）：30–35.

［152］袁连生，刘泽云．我国义务教育贫困学生资助制度分析［J］．北京师范大学学报（社会科学版），2007，（05）：117–123.

［153］张大伟．东部高校对口支援民族地区高校的历史考察［J］．西部学刊，2013，（11）：31–33.

［154］张锦华．基于SST指数的中国农村教育贫困分析［J］．中国农村观察，2005，（05）：10–16.

［155］张凯宁．高等教育与收入分配：改变命运还是阶层锁定——基于CGSS2008数据的实证研究［J］．高等财经教育研究，2014，（02）：1–12.

［156］张立冬．中国农村贫困代际传递实证研究［J］．中国人口．资源与环境，2013，（06）：45–50.

［157］张琦．贫困退出机制的现实操作：冀黔甘三省实践与启示［J］．重庆社会科学，2016，（12）：20–31.

［158］张琦．中国“雨露计划”实施综合评价及新对策研究［M］．北京：经济日报出版社，2016.

［159］张琦，冯丹萌．我国减贫实践探索及其理论创新：1978 ~ 2016年［J］．改革，2016，（04）：27–42.

［160］张琦，史志乐．我国农村贫困退出机制研究［J］．中国科学院院刊，2016，（03）：296–301.

［161］张学敏，何酉宁．受教育程度对居民消费影响研究［J］．教育与经济，2006，（3）：1–5.

［162］赵力涛．中国农村的教育收益率研究［J］．中国社会科学，2006，（03）：98–109.

［163］赵颖．员工下岗、家庭资源与子女教育［J］．经济研究，2016，（05）：101–115.

［164］中华人民共和国国务院新闻办公室．中国的减贫行动与人权进步（白皮书）［M］．北京：人民出版社，2016.

［165］钟慧笑．教育扶贫是最有效、最直接的精准扶贫——访中国教育学会会长钟秉林

[J]. 中国民族教育，2016，(05)：22–24.
[166] 周亚虹，许玲丽，夏正青. 从农村职业教育看人力资本对农村家庭的贡献——基于苏北农村家庭微观数据的实证分析 [J]. 经济研究，2010，(8)：55–65.
[167] 宗河. 教育投入达 4% 目标如期实现 [N]. 中国教育报，2013-05-09 (1).
[168] 邹薇，方迎风. 关于中国贫困的动态多维度研究 [J]. 中国人口科学，2011，(06)：49–59.
[169] 邹薇，郑浩. 贫困家庭的孩子为什么不读书：风险、人力资本代际传递和贫困陷阱 [J]. 经济学动态，2014，(06)：16–31.
[170] 左停，杨雨鑫，钟玲. 精准扶贫：技术靶向、理论解析和现实挑战 [J]. 贵州社会科学，2015，(08)：156–162.

后 记

贫困一直是人类社会发展面临的重大问题，世界各国都在与贫困做斗争，终结贫困、摆脱贫困、建立一个没有贫困的世界成为全人类共同的愿望。我国作为发展中的大国，一直致力于消除贫困、摆脱贫困的工作，并确立了到2020年我国现行标准下农村贫困人口全部脱贫、贫困县全部摘帽的目标。改革开放40年来，我国农村7亿多贫困人口摆脱贫困，贫困发生率由1978年的97.5%下降到2017年底的3.1%，创造了人类减贫史上的中国奇迹。贫困的表现是多种多样的，比如物质贫困与精神贫困、收入贫困与能力贫困、暂时贫困与长期贫困、制度贫困与权力贫困等等，换句话说贫困有其特殊的历史性、阶段性、差异性，所以我们在讨论贫困的时候一定是要考虑特定的历史时期、特定的条件、特定的环境，对贫困做出客观的评判。

本书是在我国脱贫攻坚的背景下创作的，主要内容是在笔者博士论文的基础上修改而成的。本书既是对过去阶段性研究的一个总结，也是未来研究的一个基础。教育扶贫作为2020年打赢脱贫攻坚战的重要组成部分，是“五个一批”和“两不愁三保障”的核心内容，可是“教育扶贫”究竟是什么、扶什么、怎么扶，这些问题尚未有统一的答案，这在某种程度上导致了教育扶贫成效不佳的现象。其实这背后一个最大的问题就是没有认清教育的本质，教育本身就是一个宏大的概念，教育本身就面临着贫困问题。本书尝试解决这样一个问题，也希望给读者一些启发。从教育的要素来看，学生、教师、课程、环境这四个方面都有其贫困的一面：贫困地区的学生营养不足、关怀不够、上不起学、上不好学；乡村教师的数量不足、质量不高、下不去、留不住、教不好；贫困地区的课程缺乏本土化设计和安排；贫困地区的校园文化建设明显滞后，家庭环境、社区环境尚需提升……这些问题的存在共同导致了贫困的教育。由于篇幅和内容有限，本书主要聚焦贫困家庭子女教育问题，在未来的研究中将对其他方面予以关注。

本书的写作得到了诸多前辈和老师的悉心指导和帮助。感谢北京师范大学张琦教授将笔者带入扶贫研究领域，五年时间里在张老师的指导下参与多项国家级扶贫课题、会议和调研，在实践中得到了锻炼和提升。尤其是笔者有幸全程参与国务院扶贫办“全面建成小康社会下贫困退出机制研究”工作，不仅让笔者全面系统的理解了我国贫困状况，也为本书的选题和写作奠定了基础。在本书写作过程中，更是得到了张老师的极大帮助，他推荐笔者参与《中国教育扶贫蓝皮书》的编写工作、提供参与国务院扶贫办“1017”教育扶贫论坛的机会，通过与国内外专家学者的学习交流，充实了本书的内容。感谢牛津大学多维贫困研究中心（OPHI）提供的培训和技术上的帮助，感谢北京师范大学李实教授坚定笔者研究贫困问题的决心，感谢北京师范大学朱旭东教授加深笔者对教育的理解，感谢中国教育扶贫研究中心的司树杰主任、李兴洲教授提供教育扶贫方面的资料与信息帮助。感谢国务院扶贫办全国扶贫宣传教育中心黄承伟主任、中国社会科学科院吴国宝教授、王晓毅教授、复旦大学王小林教授、中国农业科学院夏英教授、中国人民大学杨万东教授、中国农业大学左停教授、北京师范大学王玉海教授对本书提出的宝贵意见。感谢所有关心、支持、参与教育扶贫事业的人士！本书作为笔者第一部专著，若有疏漏之处，希望大家指正。

作者

2019 年 5 月

图书在版编目（CIP）数据

走进贫困的教育：如何阻断贫困代际传递 / 史志乐著．—北京：经济日报出版社，2019.5

ISBN 978－7－5196－0538－4

Ⅰ．①走… Ⅱ．①史… Ⅲ．①教育－扶贫－研究－中国 Ⅳ．①G52

中国版本图书馆 CIP 数据核字（2019）第 086971 号

走进贫困的教育：如何阻断贫困代际传递

作　　者	史志乐
责任编辑	高　远
责任校对	薛银涛
社　　址	北京市西城区白纸坊东街 2 号 A 座综合楼 710
邮政编码	100054
电　　话	010－63567684（总编室）
	010－63538621　63567692（发行部）
网　　址	www.edpbook.com.cn
E－mail	edpbook@sina.com
经　　销	全国新华书店
印　　刷	北京建宏印刷有限公司
开　　本	710×1000 毫米　1/16
印　　张	12.5
字　　数	200 千字
版　　次	2019 年 8 月第一版
印　　次	2019 年 8 月第一次印刷
书　　号	ISBN 978－7－5196－0538－4
定　　价	42.00 元